视光之路

依视路在中国

傅杰妮　吕建中◎著

LE CHEMIN DE LA VISION

ESSILOR EN CHINE

上海人民出版社

眼镜工匠协会（Societé des Lunetiers）
创始人合影
年份：1850
版权所有—Essilor Heritage

眼镜工匠协会信笺
绘有法国 Ligny 的工厂
及在法国与
国际展览会上获得的奖项
年份：1900
版权所有—Essilor Heritage

Les Battants 工厂内景（法国 Ligny）
年份：1900
版权所有—Essilor Heritage

在 1929 年 10 月 12 日《画报》周刊（L'Illustration）上刊登的 Stigmal punctual 镜片广告

年份：1929

版权所有—Essilor Heritage

"Frères Lissac"(Lissac Brothers)
在巴黎第一家店面的广告
年份：1938

描绘 1955 年标志性的创新尼龙镜架的广告
年份：1955
版权所有—Essilor Heritage

Orma 1000 镜片广告
年份：1959
版权所有—Essilor Heritage

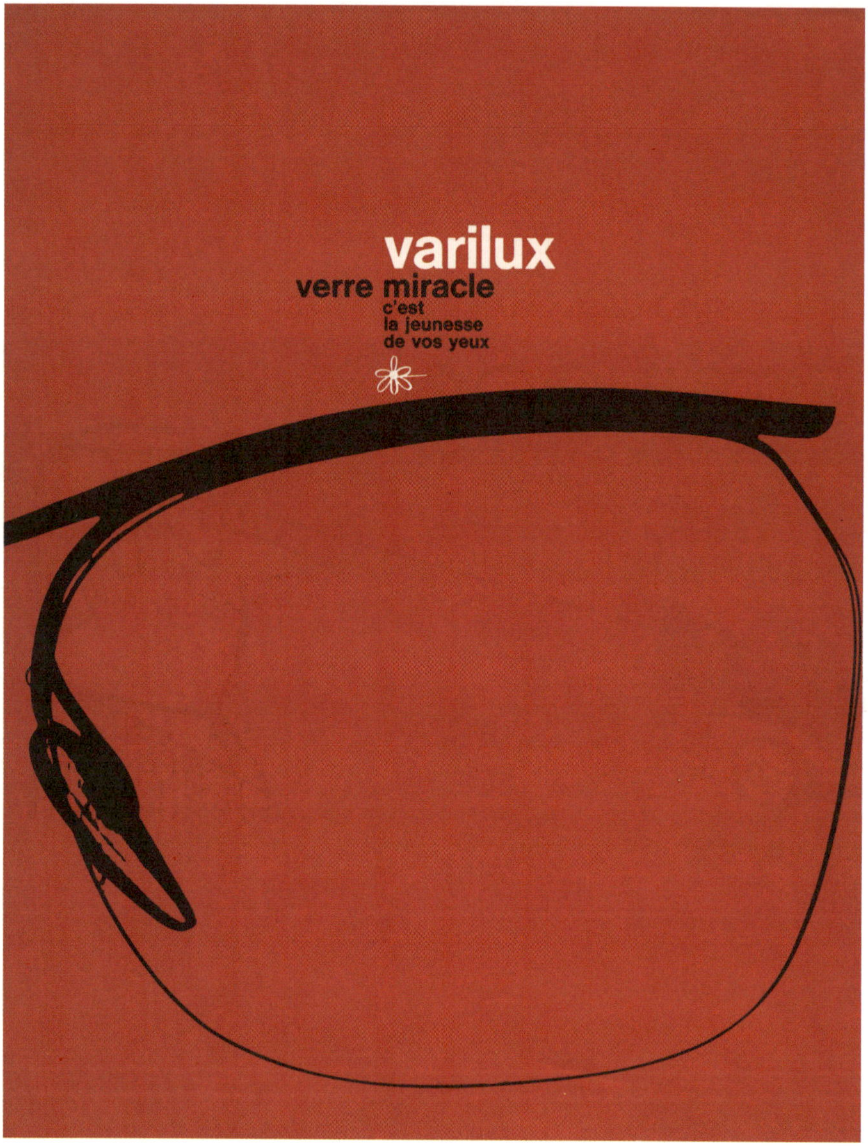

万里路镜片广告
年份：1959
版权所有—Essilor Heritage

序　一

依视路在中国发展的故事与何毅密不可分。作者选择将本书命名为《视光之路——依视路在中国》，恰逢“一带一路”合作倡议在全球展开，真可谓意味深长。

2014年，何毅荣获法国国家功勋骑士勋章。为准备在授勋仪式上的致辞，我有幸深入了解了他的职业发展与人生经历。他的职业生涯是一个接着一个搏击和奋斗的历程，而何毅始终能勇敢地直面人生。是继续外交官生涯，还是另起炉灶，进入一个更具冒险色彩的行业，二选一，他果断地抓住了机遇，去实现他心中的信念。在这一次次的拼搏与奋斗中，充满着里程碑式的相遇，激发着他的灵感，当然也有艰难的抉择，战略上的放弃，还有灵光闪现！

这就是何毅领导依视路的方式。他所选择的员工让企业取得了成功。他能够在中国普遍将眼镜视为“小商品”时，将依视路的产品定位于高端市场。何毅的激情吸引了许多中国的业界同仁与人才加入依视路。何毅是一个善于联接、团结众人的领导者，这与依视路的使命完全一致。

依视路的使命是到2050年，让地球上的每一个人都拥有良好的视力并致力于预防“视力不良”，这是依视路存在的理由。在中国，有约8亿人患有近视和老花。改善视力的挑战是巨大的。对于依视路而言，要成功地在全世界实现其使命，中国理所当然包括其中。这一点，何毅比任何人都更早地意识到了，并且他还成功地说服了所有他遇到的同路人。

我们自远方而来。我记得1999年在上海，在交通大学附近的华山路拐角处，我们花了整整一个下午统计多少人戴眼镜，多少人不戴眼镜，然后测试他们的视力，因为当时所有已知的戴镜者渗透率数据都不准确，有时比实际水平低3或4倍。我们的信念是基于现实的基础而建立起来的。

《视光之路——依视路在中国》将带您发现依视路在过去近三十年中如何成为中国视光行业的领导企业，我们的雄心壮志是让全体中国人民能拥有健康的视觉，从而过上更美好的生活！这是一家企业的故事，也是关于一位开拓者、创业者的故事，他用独到的战略眼光和二十多年不变的激情投入和推动了中国人视觉健康的未来！

孙余沛（Hubert Sagnières）

依视路国际集团董事长

依视路陆逊梯卡集团副董事长

2020年7月10日

序　二

我与依视路结缘是5年前的事了。当时，我是博然思维集团的合伙人。由于工作上的需要，我受依视路（中国）之托，为其做战略咨询。这让我有幸结识了依视路大中国区总裁杜马诺（Arnaud Ribadeau Dumas）先生和他的同事们。

随着工作的展开以及逐渐深入，我发现，这是一个非常有定力、有毅力、有活力的企业。定力，指的是企业自创建之初到发展壮大，任凭风云变幻，一直秉承着的使命和初心；毅力，指的是企业自进入中国市场近24年里，纵有千难万难，持续耕耘孜孜不倦；活力，指的是企业在为本地市场提供最佳产品和服务方面，不断突破创新，满足客户需求。

我与依视路（中国）投资有限公司主席何毅相识，并成为挚友，是30多年前的事了。当年，我们同在法国留学，在巴黎高商（HEC）研习关于市场和战略的博士课程。我们曾一起畅谈人生理想，一起在洒满阳光的校园散步。离开了HEC这所培育了许多商界精英的知名商学院，我去了联合国日内瓦总部，后又在资源、制造业、可持续发展领域工作。何毅回国后入职达能，又转战依视路，带领这两家法国知名企业，在中国市场落地、生根、开花、结果；为打开中国市场，拓宽企业发展立下了汗马功劳。岁月荏苒，这么多年过去了，在何毅身上未曾变化的，是他的社会责任感。何毅坚持认为，商人和企业家的一个很大的区别是商人以赚钱为主，企业家则会兼顾社会责任。对社会责任的重视程度和践行力度，是衡量一个人是商人还是企业家的重要标尺。

两年前，适逢法国依视路集团与意大利陆逊梯卡集团（Luxottica）合并之后，何毅打电话约我一起喝茶。刚刚落座，何毅直奔主题，充满期待地对我说："小吕，请你帮忙牵头写一本依视路在中国成长、发展的书吧。"何毅的鼻梁上架着一副简约风格的眼镜，衬托出他的儒雅和睿智；我透过依视路镜片，看见他在眼镜后面的一双眼，目光里闪烁着淡定和执着的光芒。作为有着敏锐和前瞻思考品质的企业家，何毅正在思量着，如何把依视路在华发展的历程记载下来，如何把依视路的基因传承下去，如何让合并后拥有更大规模和市场的视光领军企业，继续沿着使命驱动商业战略的道路前进。

我们聊得很热烈，从产品到市场，从使命到战略，从商业智慧到社会责任，从技术创新到人民福祉，这是一条历经风雨、艰苦卓绝、代代相传、持之以恒地奔向清晰"视界"的光明之路。此时，"视光之路"的图景，渐渐在我们的脑海里浮现。我们欣喜地将这本书的名字定为《视光之路——依视路在中国》，我欣然承诺，作为这本书的总策划也作为此书的作者之一，将全力以赴。

对于很多中国消费者来说，视光是个新名词。眼镜，一直以来作为小商品，伴随着中国的经济和社会发展，自我繁衍。在这个行当里，一些有识之士深感行业的标准化、专业化、系统化仍有很长、很艰难的路要走。视力关乎人的安全、健康和生活品质，在中国近 14 亿人中，约有 12 亿、相当于总人口 86% 的人需要视力矫正；然而却只有 6 亿人接受视力矫正，也就是说，仍有 6 亿人没有接受视力矫正。对于依视路来说，如果能够为需要视力矫正和视力健康的广大群体提供安全放心、便捷可达、质量过硬、价格合理、佩戴舒适的眼镜，也就意味着能够在解决这一社会问题中，为自身创造出存在与发展的空间。

依视路在中国的起步与发展，精准地把握住了社会需求的痛点、行业发展的焦点、本地化生产—开发—服务的落脚点。何毅当年，正是瞄准了这三点，从引进技术、本地制造、树立品牌、赢得信任、驱动创新、引领行业几个方面有计划地推进，打开了市场，站稳了脚跟，带领依视路（中国）走上了视光之路。

信任赢得品牌价值，创新催生发展空间。在《视光之路——依视路在中国》中有这样一个小故事：负责销售的周主管在大年三十晚上，乘坐大巴赶去苏州把客户预定的、特意想在新年时戴上来讨个好彩头的眼镜，风尘仆仆地登门送到客户家里。我们在写这段故事时，把这个在大年夜赶往苏州的脚步，称为“信任的步伐”。信任的步伐，让视光之路越走越宽广。支持不断满足客户日益提升的需求水准的，是依视路在全球5座创新和研发中心（CI &T）和多个研发合作伙伴。每年有5%的全球营业额投入研发，致力于开发新型的适应时代节奏的镜片；与此同时，开展与大学、工业集团、中小企业以及社交平台的创新合作，并将创新渗入到集团工作的方方面面，包括产品、服务和市场推广。

使命驱动商业成功，品质成就基业长青。依视路的使命源自对“光明事业”（Métier de Lumière）不断追求的工程师文化和匠心精神，以及其企业管理制度中至关重要的基因——“员工持股会”（Valoptec），即由一批富有责任心的持股员工组成，同舟共济，竭尽所能，一起开拓企业的前程。这一传统在依视路耕耘本地化、建立本地化运营的过程中，也被本地员工继承了下来。在厂长石峰和他的团队积极开拓和不断努力中，依视路的松江工厂创造了业内盛赞的“松江制造”产品声誉，一批批松江工厂生产的高质量的零客户不满意的产品，源源不断地发往世界各地。

我曾有幸在依视路和合作伙伴企业中接触过很多员工，在他们身上，我看到了依视路的定力、毅力、活力。他们没有把生产眼镜看作是一份单纯的工作，他们每一天的努力和付出都在为他们共同的事业添砖加瓦。这是一种强大的凝聚力，它支撑着依视路的成长，跨越跌宕的经济周期，应对一个又一个的挑战。依视路集团前首席执行官冯达磊（Xavier Fontanet）先生在他的《信任之路》一书里说道：实际上，我们是马拉松长跑运动员，而非短跑选手。依视路人，为了光明事业，在这样一条光明的视光之路上为整个组织的长期奔跑打造着强健体魄，为美好商业和美好社会创造价值。

依视路在使命驱动战略上的实践，从根本上颠覆了很多企业仍在沿用的老旧思维套路。它不再把可持续发展作为企业商务战略规划和企业运行管理之外的“补充”，而是把企业的成长和业务的发展建立在了建设一个更美好的社会基础上、培育一个可持续行业的生态上，引领企业商务决策、经营活动、企业管理及社会合作，创造共享价值。这个模式对于可持续商业实践有着重要的借鉴意义。我在《企业生存与发展之道》及《可持续商业——社会新生态》论文中曾指出，企业由自身可持续发展需求而产生的内生动力、企业在社会—经济—环境三个维度上的价值创造与经营活动的整合、企业系统的管理方法形成全面的可持续发展体系，这三方面即内生型、整合式、系统化的结构，为企业可持续商业实践，提出了一个生态化的发展空间。

社会需求的痛点、行业发展的焦点、本地化生产—开发—服务的落脚点，与我所看到的依视路的定力、毅力、活力，这三点与三力的乘积，为我们展现了一个成功的商业实践案例。“改善视力，改善生活”，依视路在中国的商业实践以此为使命，一方面为提升视光领域专业水平倾心投入、鼎立推动，打造好市场的“基础设施”；一方面探索创新、培育人才，建设好行业的可持续发展能力；与此同时，深入偏远山区，以多种形式的社会合作，搭建社会公益平台。这种由使命驱动、在本地生根、以商业手段解决社会问题的整合战略，正是依视路在中国成长壮大，一步步走向成功的根本原因。何毅坚信，依视路的发展离不开眼镜行业的健康生态，而作为领军者，依视路有责任继续为培育、发展、引领该行业，为人民带来便利和福祉，做出不懈的努力。

本书完成时，正值举国同心协力，抗击新型冠状病毒肺炎。依视路（中国）的员工们，积极响应，组织起来，以“依人依事征集——我为抗疫出份力”“依日签能量——温暖依家破局共赢”等形式多样的创意和迅速果敢的行动，在他们各自的岗位上发光出力。依视路（中国）旗下木九十携手 aojo 生活眼镜、WAKEUP 隐形眼镜向武汉市慈善总会捐款100万元，专项用于疫情所需；万新捐赠50万元，并携手行业伙伴，寻找和调度护目镜等紧缺物资送往疫区；雅瑞捐赠新一批近10万副护目镜送至前线；依视路基金会在2.5NVG的帮助下，紧急筹措和捐赠500副护目镜，协助上海高速公路一线交通执法人员做好自身防护；在此之后，依视路基金会问遍全球上百家供应商、找遍中国的眼镜生产基地，打包上千个防疫物资快递箱，发往疫情严重的四省市10个城市，对接近150家前线医院；将10万副爱心防护镜，送往最需要它的人，守护他们奋战在抗疫的最前线。

疫情对社会生产产生了重大冲击，对企业运营提出了严峻挑战。消费者行为正在发生改变，全球供应链正在重组，企业与社会的共融共生生态正在深化。依视路将在新的社会—经济—环境格局中迈向新的发展阶段。

经过数次易稿和修订，《视光之路——依视路在中国》的定稿完成了。它凝聚着包括我自己在内许多人的心血，也寄托了很多人的期望。我感到非常荣幸，在撰写期间，有机会与本书工作组紧密配合、互相学习，完成这项任务。我们这个小组由何毅、傅杰妮、朱家骢、杨旖旎和我本人组成。何毅提供了主要线索；我负责全书架构并撰写了使命篇以及专家观察评论，贡献最大也最辛苦的是傅杰妮，她亲历了所有的采访，并且撰写了除使命篇外的书稿内容；朱家骢和杨旖旎为本书所需的资料以及内容、图片细节提供了支持，在此，感谢大家贡献的智慧和付出的劳动。同时也感谢为此书提供了大量资料的人们、接受访谈的业内同行们以及依视路领导层和员工们。

愿视光之路越走越宽广，越走越明亮。

吕建中博士
全球报告倡议组织（GRI）董事局董事
中国企业社会责任智库副理事长
上海依视路视力健康基金会理事
2020年2月28日

目　录

成长篇→ 71

依视路集团发展历史

1849 年，起源于法国。

1868 年，开始国际化征程。

1931 年，开设第一家 Lissac Brothers 店面（后发展为 Silor）。

1959 年，第一代万里路® 产品诞生。

1972 年，依视（Essel）和视路（Silor）两家法国公司合并成立依视路。

1975 年，依视路正式上市。

1979 年，在菲律宾建立亚洲第一家工厂。

1986 年，在美国设立公司。

1991 年，世界首款有机光致变色镜片全视线® 诞生。

1992 年，推出革命性膜层“钻晶”系列。

1995 年，进入中国市场。

1996 年，PC 材质宇宙片诞生，以轻薄及抗冲击著称。

2005 年，推出依视路抗疲劳片并获得“Silmo d’Or 大奖”。

2007 年，依视路基金会在美国成立，致力于社会公益。

2009 年，进军电子商务。

2011 年，防雾镜片诞生。

2012 年，万里路 S 系列™ 荣获“Silmo d’Or 大奖”。

钻晶 UV 诞生，发布 E-SPF® 镜片防晒指数。

2013 年，被《企业骑士》评为“全球可持续发展 100 强企业”之一。

2014 年，全视线公司加入依视路集团。

2016 年，突破创新：视力保护系统™。

2018 年，被福布斯连续 8 年评为“最具创新力公司之一”。

2018 年，与陆逊梯卡合并。

2019 年，依视路陆逊梯卡获评《财富》2019“改变世界的企业”。

今天的依视路

依视路遍及全球超过 100 个国家。

是全球领先的镜片公司，被誉为视光领域的专家。

在全球拥有超过 69000 位员工，33 座镜片生产工厂。

在全球有 449 间定制车房、5 家创新科技研发中心和 14 个分销中心。

依视路在中国拥有超过 11000 名员工，一直在为提升中国视光行业水平而努力。

依视路的使命

改善视力，改善生活。

伟大的使命驱使着我们前行。

“每个人都有权获得良好的视力。地球上有 74.7 亿人，无论他们身在何处，只要他们需要矫正或保护视力，我们就在那里。”——孙余沛　依视路国际集团董事长

引子：光明的“联姻”

这是一个需要随历史年轮倒溯的故事。故事开始于法国巴黎。

众所周知，法国是个看重工程技术的国家，历来盛产工程师。其中，有一群仪器制造师们于1849年在巴黎玛黑区的一间小厂房里，热情昂然地专注于镜片的研磨。在法国，跟视光相关的事务通常被称为“光明事业”（Métier de Lumière），这群干得热火朝天的年轻人以工程师们的理性互助、持有对“光明事业”的匠心，继承法国文化里兴建合作社的传统，建立了眼镜工匠协会（Societé des Lunetiers）。将原本属于工程设计与匠艺打造的“眼镜制造”与“商业”结合起来，让更多人认识到这个行业的存在及其重要性。无声之处听惊雷，一个致力于视力矫正与视光健康的“光明之业”从此向世界正式开启。

眼镜工匠协会孕育了Essel和Silor两家视光学重头企业。Essel的明星产品是由其工程师、现依视路国际集团名誉董事长贝尔纳·梅特纳兹（Bernard Maitenaz）先生发明的渐进片Varilux，后在中国被赋予非常好记又形象的品牌名“万里路”。渐进片可以帮助视力老花的人群，在同一块镜片里既能清晰地看远，又能清晰地看近，由“远、中、近”逐渐过渡，因此巧妙解决了看远、看近间舒适转换的问题。较之传统的双光和三光镜片，渐进片的发明可以说是镜片设计史上一场伟大的革命，它的出现为消费者提供了一种既舒适又美观的镜片。所以自问世起便大受欢迎，并且欢迎程度穿越时间，直至今日，成为有效助益视力问题的知音和刚需；而另一家公司，Silor也不甘示弱，由勒内·格朗佩雷（René Grandperret）主导，使用热硬化树脂，将铸模系统提升至完美境界，催生了第一片塑胶镜片，又称“树脂片”，起名“奥玛镜片”（Orma）。树脂片的好处非常明显，它可以有效地替代市面上又重又易碎的玻璃镜片，一种新型的、既轻又抗冲击的安全镜片由此诞生，经过加硬加膜处理后，透光率达到99%，还能防刮划，应用也很广泛，不仅覆盖视光矫正型镜片，连太阳眼镜等无关视光矫正的镜片领域都可一并采用。而这两样具有里程碑意义的发明都诞生在1959年，可以说这一年是全球视光行业一个值得纪念的年份，距今六十一年。

这两家了不起的公司，除了在工程研发上富有实力，在商业运营上同样充满智慧和远见。经过数年的谈判，1972年，这两家风生水起的光学公司决定喜结连理，将Essel和Silor合并成立Essilor，中文名为依视路。跟天下大部分美好的联姻一样，因其三观、理念一致，两者相合之力所产生的能量与价值超乎想象，并代代相传。从此，依视路以难以匹敌的视光专业技术为核心，设计、制造并销售品类丰富的镜片产品，在之后的岁月里以惊人的速度发展为全球领先的视光企业。到了20世纪后半叶，依视路光学推出了无框、半框镜架和双光、渐进多焦点镜片等多项革命性的产品。1938年，视路的创始人乔治·里萨克（George Lissac）在巴黎开了一家当时欧洲最大的用自己名字命名的里萨克眼镜店，这家眼镜店不同凡响地首创了镜架挑选、验光、割边和装配一条龙，一改顾客看得见就成的落后方式。六十多年前的1959年，里萨克（Lissac）眼镜店向全球推出轻巧不碎的树脂镜片后，公司进入了高速发展期。两强联手后的依视路集团展开了它的全球发展攻势，时至今日，依视路已成全球镜片制造业霸主，占据全球30%以上的市场份额。作为全球最大的专业镜片制造商，以科研创新为先导，每年集团注册的专利都有100项左右，科研经费的投入是广告费的两倍。

目前，依视路集团的员工分布于全球100多个国家，数量近69000多名；集团在全球范围内拥有33座工厂，共计449间定制车房以及4家研发中心。“让人人看世界更美好”的信念，推动着依视路在产品研发上不断推陈出新，提升消费者的戴镜体验，因此连续八年被《福布斯》杂志评为“全球最有创新力的公司”之一；并在2013年被《企业骑士》杂志评为“全球可持续发展100强企业”之一。依视路于1975年在法国上市，上市至今已45年。除了强健的研发能力，其保持活力的一大密钥来自组织最早的“合作社”基因，员工合力成就公司，公司是集体打造的合作社。因此，依视路很早便推行员工持股会（Valoptec），现在集团里每四个人当中就有一个是公司的股东，这一机制像是给火车装上了自动马达，每一节车厢都能自动向前、充满能量，根据火车头的方向井井有条地全力开动，而非单一地被拉动，以致疲惫劳损。

这样一个富有使命感、专业实干又独具特征的集团，于1995年正式进入中国这片兼具古老文化和现代文明的沃土、一个全民人口占世界五分之一的国度、一个商业环境和规则与西方大相径庭的庞大市场。在中国近14亿人中，约有12亿人，占总人数86%的人需要视力矫正。但是只有6亿人接受视力矫正，仍然有6亿人没有接受视力矫正①；这是机遇亦是挑战。依视路中国以“改善视力，改善生活”为使命，愿为中国的视光行业和视光健康注入专业而鲜活的力量。

如果说一个集团因在其出生地，甚至世界范围内取得一定成功，就顺理成章地想象它在中国必定大受欢迎、顺风顺水，可能就过于天真了。当今的中国市场，虎龙盘踞，竞争激烈。诚然，优秀的原始基因，可以为打开中国市场奠定一定的基础，然而要货真价实地引进并让市场接受一个国外品牌，真正地切入中国视光领域，并

① 数据来源：《在一代人的时间内消除不良视力》，https://www.essilorseechange.com/elimination-in-a-generation/。

以无可比拟的业绩占领市场高地，同时完好地传承企业文化，其中需要经历的打磨超出想象。2020 年是依视路进入中国第 25 个年头，一路上跌宕破立、波澜壮阔的开创和建设过程，包含了很多依视路人的努力、智慧，立功于无形之中。此书将向大家打开依视路在中国起步、发展、成长背后的真实历程，以坦诚、信任和分享之心留下记录和小结。全书以深度采访和专家分析两方面的工作为基础，采访历时半年，打磨研写历时一年，在此感谢所有参与和付出的依视路人。

背景篇

员工持股会

要真正地认识依视路，必须认识其企业管理制度中至关重要的基因：员工持股会（Valoptec）。这是一个在 Essel 和 Silor 两家企业合并前由双方共同确立，以便为合并后的企业继续走下去的管理体制。公众对此似乎很少关注，但它却是一个企业能持续成功发展的条件，也是依视路在世界光学领域持续远行的关键 DNA。

依视路创建之时，员工持股会将其信条成文，仅写了一页纸。依视路人是技术高手，不善于舞文弄墨。他们的表达简明扼要，不玩文字游戏，始终使用简明扼要、通俗易懂的语言。这些用语经受了时日考验——像企业的产品一样，跨越一个个国界——成为著名的"宪章"。其中的要旨究竟是什么呢？"员工持股会由一批富有责任心的人组成，联合出资，团结一心，同舟共济，竭尽所能，一起开拓企业的前程。"它非常言简意赅，可以说是资本主义最大优点的概括：尊重资本，甘冒风险，认识到企业是经济繁荣的基础（自立自主）。"宪章"还将现实精神（"竭尽所能"）与社会主义的良好方面（"同舟共济"）结合在一起。简而言之，在这一历史进程里，员工持股会首先规划了一个奋斗方向、一个共同的命运，然后再考虑赚钱。

依视路集团始终保持着自己的价值观。40年后的今天，它们可能更加坚不可摧：信任与尊重、对人的尊重、促进对话、自主和透明放权。依视路集团以这样的价值观持续不断地将一个技术水平要求严格的行业在世界各个地区推进。在四位员工中便有一位是Valoptec成员的比例下，大家工作不仅仅是为了赚一份工资，而被激发并注入了共建的热情、责任与内心的使命。这些似乎看不见但能照亮人内心的精神力量，具有超乎想象的能量。

在日常工作中，不管哪个片区的办公室，总有人会在下班时自发地检查每一个办公室，门窗和电源是否都良好关闭；在工厂里，如果遇到哪个“疑难杂症”问题，大家也会自然而然地聚到一起进行研究，为不同客户提供最佳解决方案。对于员工而言，这不仅是一份单纯的工作，每一天的努力和付出都在为这份共同的事业添砖加瓦。这股无形却强大的力量支撑依视路的成长，并跨越了高高低低的经济周期。依视路集团前首席执行官冯达磊先生在他的《信任之路》一书里说道：实际上，我们是马拉松长跑运动员，而非短跑选手。员工持股会犹如一种黏合剂，从根本上为整个组织架构的长期奔跑打造强健体魄。

视光之路在中国

2010年，冯达磊先生卸任集团董事长，当他回顾起依视路的稳健发展时，认为颇为重要的原因在于20多年来集团实施了明智的战略：把80%的资金投向欧洲之外。其中，中国正是战略的要地。

“我认为，中国人民在过去20年间以如此高速和如此规模所做的一切，是地球上任何地方的人民都没有做到过的。中国的经济自由发展，城市急剧扩展，人们四处旅行，变得越来越年轻。因为他们现在有钱了，可以更好地生活了。一句话，有幸亲眼目睹这些进步的人，只能用惊愕不已来形容。显然，中国人的能量让我们这些西方人措手不及，面临考验。中国正等待我们在自己的国度里作出改革的努力，毕竟它已经进行了无数的实践！”

在每一年赴中国考察时所见翻天覆地的变化之下，经过反复考察，依视路于1995年落地中国，属于比较早进入中国的外资企业。中国的历史文化和市场经济大环境具有其特殊性，同时巨大的人口基数和市场发展空间，对任何渴望持续成长的企业来说都充满了毋庸置疑的诱惑力。然而，在国外风生水起的大集团们，哪怕再优秀，来到中国的土地上都必须面临本土化的考验，往往不少败在水土不服。一方面，要传承企业优秀的技术和文化基因，不然就会失去其特点和竞争力；另一方面，要由内而外、方方面面地融入当地市场，才能真正地在中国充满商机和挑战的市场大潮里拥有一席之地。潮起潮落，改革开放至今，难以计数的外资企业进入中国，和国营、民营等企业一起在中国的市场中搏击奋斗，为中国经济带来了新的理念、技术、管理方式和经济刺激。有不少在中国生根发芽，开辟出一片美妙的新世界，同时也有不少黯然退场，带着些许不甘或不解。

对依视路来说，做好传承外企优秀基因和中国本土化的融合与平衡，恰是依视路在中国开拓视光之路越走越远的关键。依视路于 1993 年启动进入中国的项目，1995 年正式注册公司，并找到开辟中国“视光之路”的关键人物——何毅。何毅于 1996 年正式开始组建团队，大刀阔斧地开辟疆土……此书将带领大家亲历这条充满故事、洞见、智慧、起伏与使命的浩荡之路，愿此分享带给有缘人以启示，抑或共鸣。

中国眼镜小史

在开始这段“视光之路”之前，先让我们了解一下中国眼镜史的大背景。中国的眼镜行业基本上可追溯到明清时期，直到1995年以前，其形成和变迁可以分为三个阶段。中国眼镜销售行业第一本专业图书《眼镜销售学》的作者，也是上海依视路光学有限公司技术培训总监魏峰先生，在他的书中做了归纳：

明清之际眼镜行业的形成

在14—17世纪，随着个体手工业的发展，眼镜原料由天然水晶发展到玻璃后，眼镜的使用范围开始向民间推广和扩大，制作技术也有了新的发展。苏州是我国眼镜行业的发源地。苏州的眼镜生产不仅历史悠久，而且对我国眼镜业的发展也起了很大的推动作用。明代崇祯初年（公元1628年），苏州眼镜史上出现了一位杰出的技师，名叫孙云球，字文玉，又字泗滨，原籍吴江。他从小勤奋好学，当时他看到视力不健全的人生活有诸多不便，但“单照”镜之类又实用不方便。于是就潜心研制一种可常架在眼睛上的镜片。他经过反复试验，利用机械原理发明了镜片研磨机——牵陀车。这种牵陀车就是所谓古典法加工的水橙，是用脚踏转动，采用矿石砂、白泥、砖灰等作研磨剂或抛光材料，把镜片磨成凸凹透镜，以适应眼屈光的需要，最后终于掌握了“磨片”技术。用天然水晶石磨制出镜片。同时他又掌握了“对光”（现称验光）的技术，按照人的年龄和不同的视力研制出老花、近视、远视等品种以及各种光度的镜片，并编制了一套“随目对镜”的原始验光方法，用以验目配镜。这样就可以随目配镜，效果丝毫不差，戴在脸上也比较方便舒适，以适应各人视力的需要，这是中国自主验光配镜的开始。

随后，孙云球又发明研制了不同用途的光学镜片，有百花镜、鸳鸯镜、放大镜、多面镜、幻容镜等数十种之多。从此，孙云球制造的眼镜名扬各地。可惜，这样一位有作为的技术人才，33岁就病逝了。但是他留下一部名为《镜史》的科技著作，对推动后世眼镜制造技术的发展起着不可估量的作用。

继孙云球之后，清代乾隆、嘉庆年间，苏州又出了一位制造眼镜的人才，名叫褚三山。他进一步发展了眼镜制造技术，颇有影响。

由于苏州出了孙云球、褚三山两位杰出的制造眼镜的技术人才，从而推动了当时苏州眼镜行业的形成和发展。

1735年，苏州已出现了专门生产眼镜的手工作坊。到了清康熙年间，眼镜的制作与销售已在北京、上海、苏州、天津、广州等地蓬勃发展。眼镜已成为专门的商品。

清末及民国期间眼镜行业的销售发展史

18世纪英国配镜师爱德华·斯凯莱特（Edward Scanlett）制作了眼镜边架，成为现在眼镜的雏形。自1840年鸦片战争以后，西方的配镜技术传入中国，为眼镜行业的崛起开辟了新的道路。清朝末年，英国人约翰·高德（John Goddar）首先在上海开设了“高德洋行”，专营研磨验光眼镜。之后，其他洋人接踵而来，如拓比司（Tobias）开设了“明晶洋行”，英籍犹太人雷茂顿（Riaiton）开设的“雷茂顿洋行”等。

1911年，曾经在“高德洋行”工作的中国人筹资开设了“中国精益眼镜公司”。精益眼镜公司的开业，使我国眼镜行业有了新的发展。特别是在验光配镜方面有了很大的改革：

1. 开始废除旧式店铺沿用已久的“对光牌”验光配镜，采用主客观相结合的验光技术。

2. 淘汰纯手工制作镜片的方法，设置机械研磨加工设备，发展研磨技术，这时中国的眼镜从业人员不仅能磨制各种不同性质、不同规格的镜片，还开始自制或兼制各类镜框（架）。

3. 在检、磨、割、装、矫、制等技术方面，由于采用了一些国外的新技术和设备，因为培养了一代制作眼镜的专业人才，为我国眼镜行业形成一支新的技术队伍打下坚实基础。在抗战前，精益眼镜公司的产品还曾在巴拿马万国博览会上获奖。

1935年前后，除精益眼镜公司之外，上海还开设了几家大型专业眼镜公司，其中有茂昌眼镜公司、吴良才眼镜公司等。这些专业眼镜公司均设有先进的验光配镜设备和镜片加工研磨、割边专用机器。旧中国眼镜行业的发展，虽然初具规模，并且有了行业帮会或同业协会等行业组织，但是在其生产和经销中大多属私人店铺和家庭手工作坊，生产工艺十分落后、产品质量不稳定、品种单一，数十年如一贯。

1950年，中国眼镜行业的变迁和飞跃

1950年以后，眼镜生产和销售开始由家庭小作坊式的手工生产，逐步发展到组织起来的小企业合作生产。随着我国经济建设的飞速发展，眼镜行业也得到大力发

展。商业服务部门也不断扩大和增加销售网点，并增添验光配镜设备、仪器。

1985年4月，由国家轻工业部倡导，在江苏省镇江市召开了全国眼镜行业的“中国眼镜协会”成立大会。与会的集体会员企业共有140多家，其中规模较大的骨干企业有85家，分别隶属轻工业部、商业部、机械工业部、兵器工业部、农牧渔业部、卫生部和国家科委，分布在全国14个省、自治区、直辖市，计31个城市。当时共有职工27237人。

1985年到1995年是中国眼镜零售业爆炸式增长阶段，随着改革开放的发展，私营和合资的形式一举打破了以国营和集体形式长期主导的中国眼镜零售业。十年间，全国的眼镜店从3000家左右激增到2万多家，是典型的数量激增时期。

1995 年的眼镜市场

“1995 年是我国历史上非常重要的一年。这一年既是国民经济第八个五年计划的最后一年，也是制定经济发展跨世纪宏伟蓝图的一年。在社会主义现代化建设和建立社会主义市场经济的改革取得重大进展，综合国力大大增强，人民生活水平明显改善和提高的时候，我们开始经历工业化起飞到基本完成，和加快改革步伐、全面建立社会主义市场经济体制的新时期。”

——《1995—1996 宏观经济形势分析》，国家计委经济研究所综合研究室

1995 年，我国正式提出加入世贸组织，国民生产总值以超过每年 10% 的速度迅猛发展。外商投资企业进出口继续大幅度上升，全年达 1098 亿美元，增长 25.3%。全年实际使用外资 484 亿美元，其中外商直接投资 377 亿美元，增长 11.7%。年末，已注册的外商投资企业达 23.4 万户，其中就包括了依视路。

当我们回望历史，在时代大潮的背景下，很多事情的发生仿佛都踩着规律的节点，由一只无形的大手精心安排好。1995 年的时候，工业经济发展迅猛，同时带动

消费品市场。越来越多的人在生活中碰到的问题，可以在市场里找到相应的产品来解决。视力上有问题的人群，尤其是近视眼、远视眼、老花眼等情况，在市场上逐渐可以找到适配的眼镜。黑色的镜框、配着从玻璃厚度就能隐约猜出度数的镜片，在那个时代某种程度上甚至成为知识分子的身份象征。根据波士顿咨询公司（BCG）的报告，1995年中国眼镜市场中玻璃片占到98%左右，几乎是垄断型的镜片类型。大部分消费者对树脂片毫无所知，这令拥有奥玛树脂片这项重要专利的依视路集团看到了巨大的潜在机会，同时也做好道阻且长的思想准备。

市场经济蓬勃发展，大大小小的眼镜店出现在各个城市的街头巷尾。学校里，每年一次的学生视力检查也成为一项重要的校方任务。与此同时，与人类生活质量息息相关的用眼健康和保护，以迅猛的速度获得大众的关注，同时也以市场化的方式出现在人们面前。

人们买眼镜就像去商店买衣服那样简单、直接、方便。然而，这个在高速崛起的新中国市场经济环境下诞生的售卖方式，尽管满足了市场经济要求的高效便捷，却在无形中忽略了眼镜行业中所要求的专业性。迄今为止眼镜依然被归为轻工业小商品，而在西方国家，视光检查、验光、配镜是一条高度专业化的完整流程和产业链，绝非商品买卖这么简单。市场中潜在的问题，同时也是机遇，以专业技术为更多人带来视力改善和高质量镜片体验，成为依视路计划进入中国时所瞄准的重要方向，将其为世界各地的人们“改善视力、改善生活”的使命，在中国付诸实践，传承品牌精神。

创业篇

一个猎头的电话

这个令人孜孜投入而不倦的故事，正是从关键的1995年开始，那一年，何毅接到一个改变他职业生涯的电话。

如果说在全球视光领域，拥有160多年历史的法国依视路集团是当之无愧的领航巨轮，那么在相对年轻的中国视光行业，何毅则可以说是二十多年行业快速发展的见证人，也是了解依视路在中国发展的核心人物——正是他把依视路这个法国品牌真正带进中国。而那个时候大多数国人还不知树脂镜片为何物。在何毅的带领和开拓下，依视路在中国成功落地，创立前十年便实现了10倍的增长速度。

1975年邓小平访问法国，这是他第二次复出后正式访问的第一个西方大国。翌年，何毅便有幸成为第一批享受法国政府奖学金的留学人员。从此，他与法国结下了不解之缘，并以之后长期的卓越工作，成为中国改革开放后第一批为中法两国经济和企业管理作出成绩的中法经济人物。何毅如今已过花甲之年，依然精神矍铄，言谈健朗，不知疲倦地忙碌在第一线，穿梭于中国内地、法国、中国香港等各经纬线之间，用切换自如的中、法、英多语，在各个不同文化和商业环境之间搭建桥梁。

这样乐此不疲地付出，源于他对这份几乎陪伴他大半生的事业深沉的热爱，如他所言，当你认识到所从之事不单是商业，而涉及人类的视光健康，关乎大家每日的生活质量和幸福感，那么工作的疲劳在巨大的成就感面前根本不足一提。

1995 年，对于何毅来说，是他的职业生涯里极其重要的转折。而当时的他，作为法国达能集团在上海的创始元老，还没意识到这一点。一切源于一个猎头的电话。

境随念转。接到猎头的电话，并不出乎何毅的意料。在达能中国披荆斩棘差不多 6 年之久，通过悉心运营，他将达能从初入中国市场的水土不服，逐步改良，直到成功地打造出了达能这个后来家喻户晓的快消品牌形象。就在所谓的七年之痒到来之际，达能总集团亚洲高层发生人事变动，影响到中国地区的战略和决策。当年何毅是在法国达能集团的总部接受指派任务，回到中国是抱着一腔“更好发挥自身作用”的热忱，而“不是做个上传下达的机器人”。尽管对达能饱含感情，但若理念不一致，就无法成为适合集团当下需求的人。因此，何毅内心萌生退意，开始观望其他的可能性。猎头电话就响在这个考虑清晰、恰到好处的时刻。

接到猎头的电话不止一个，而唯独这一个引起何毅的兴趣，因为——“对方提及一个我毫不了解的领域”。大家熟知达能是世界上顶级的快消食品公司，以营销策略见长。出于对达能的责任和感情，何毅并没打算立即换到食品类集团；但想着在达能的经验，也许可以选择另外一个快消行业品牌。而当猎头提到依视路的名字时，久经沙场、商业判断锐利迅速的他，一时间竟无法即刻断定该品牌所属的行业性质。

“依视路的主营业务是生产高质量专业的镜片，为人们的眼健康做贡献。从产业性质上来说，更偏制造业，具有工程师文化。客户一方面是大大小小的眼镜商店和眼镜品牌，另一方面其实产品并不能直接达到 C 端的消费者，即大众客户端”。何毅回忆道：“它既可以说是工业品，又可以说是耐用消费品，还有医疗的属性。美国食品药品监督管理局（FDA）就把屈光镜片视为光学药物。这跟我之前的行业特征很不一样。”和大部分现代人一样，何毅本身也是眼镜使用者，但他之前从来没意识到这区区两块小镜片背后有怎样的大世界！

接到猎头电话的次日，何毅便走进眼镜店，以另外一种不同于平时消费者的视角来看看“这盘生意”。在眼镜店里转了半天，以至于营业员都开始用怀疑的眼神来打量他，但他依然“什么都没看出来”。而彼时，依视路已是法国乃至全球最大的屈光镜片集团。作为对商业和市场向来敏感的他，内心的好奇心被强烈唤醒。思忖之下，如果离开达能，去到另外一个快消品公司，实际上只是从一个山头去到另一个山头，但若切换到一个完全不同的领域，并能生存下来，那就不是单纯的换山头，而是去发现、探索一片别样风景的海域。一个能时刻把握市场脉搏的商人，必须也是一个有能力时刻保持成长的挑战者。

“如果我能在这个全新的领域胜任，那么我将可以去到任何地方”，何毅心里的斗志与求知的欲望被共同燃起。而他还不知道的是，这个挑战，将成就他剩下的整个职业生涯，而他所要投入的事业，将会给人们带来新的视野。

圣母降临节前的面试

在亚太区 CEO 和集团的二把手 CFO 见过面之后，很快何毅就被通知与依视路集团当时的 CEO 冯达磊先生于香港会面。何毅刚到下榻的酒店，便在大堂里看到一位法国先生，提着拉杆箱，风尘仆仆，和照片上的冯达磊先生酷似。就在他准备开口询问前，对方径直向他走来，直接喊了何毅的名字。就这样，两个人在约定的正式会面前，已然相遇，并畅快地聊了起来。这样的缘分，何毅现在回忆起来，依然觉得不可思议。

事实上，就在 24 小时前，冯达磊先生还和妻子身在装满行李的汽车里。那时恰逢法国的圣母降临节，他们行驶在闪烁着节日灯光的道路上，兴致勃勃地前往与亲朋好友的聚会。一个突如其来的电话之后，汽车停了下来，大概几分钟的时间，冯达磊与妻子交代了下，简单收拾好行李箱，打车返程去往机场……

“可以说说你为什么离开达能吗?”冯达磊先生，开门见山。

“集团高层有人事变动，我无法再像以前那样发挥价值。我想做个有脑子的人，而不是机器人”，在坦诚面前，何毅以诚报诚。

“我对眼镜行业可没有任何了解”，何毅同样开诚布公。

冯达磊先生笑了起来，用棉花和纺织品为例解释了行业的本质。纺织品虽用棉花做成，但是如果把地里采上来的棉花直接堆到机器上，就是再厉害的纺织工人也没法做出像样的衣服来。棉花需要用工艺加工，变成可以用来纺织的线和布，才能进一步制作为成衣。我们，就是以专业的技术来提供“加工过的棉花”，也就是通过加工工艺，来生产帮助人们矫正视力、保护视觉健康的镜片。有了镜片，加上各家眼镜公司花样翻新的设计、生产的合适又美观的眼镜架，为人们提供一副副优质的眼镜成品。

这么形象的解释，令何毅对该行业的运作一目了然。之后的对话异常顺利。何毅当场签下合同。“一方面，当我知道为了面试我，冯达磊先生哪怕身在假期都毫不犹豫地前来，这样的企业家精神不仅感动我，也让我感同身受体会到这个企业是有爱的；另一方面，专业又清晰的职业描述，冯达磊先生循循善诱的沟通方式，以及行业前景令人充满敬仰和激情。我想我没有理由拒绝。”

事实上，故事的完整版源于何毅因曾经在达能的辉煌业绩，被法国著名经济类杂志《挑战》（*Challenge*）报道，由此被依视路亚太地区总裁帕特里克·社里耶先生（Patrick Cherrier）发现，他及时联系到何毅，与之面谈；之后又及时通知总裁冯达磊先生：“对不起，我知道你在度假，但这个人才你必须要见。时不我待。”

就这样，一切以最高效的方式推行下来。并非桎梏于大公司所谓的层级、流程，甚至是法国人“假期大于天”的文化传统。总裁，在这里只是分工不同，大家的工作一致以公司利益为先，为了保证公司有效运作，他可以调整一时的个人利益；而个人也会因公司健康的成长而感到喜悦，并随之共同成长。在这样通透的管理和运营机制下，员工们工作起来更加热情、自主，成长与成就感兼得。

事实证明，这场圣母降临节里临时增加的面试，将为依视路打开其世界商业版图中极其重要的中国新市场。

“小商品”和“光明事业”

1996 年 7 月 1 日，何毅到巴黎依视路总部接受培训。培训的内容之一是走访依视路在世界各个国家的分部，与其负责人做深入交流。在两个月的时间里，他走访了英国、加拿大、美国、巴西四国，跑了十几座城市，这个看似走马观花的任务，实际上为何毅建立依视路（中国）给予很大启发，也为之后的依视路（中国）和依视路各国分部的合作，打下良好基础。两个月的高强度世界巡访后，何毅回到中国。他的任务是：以 5000 万美元，从零建起依视路（中国）。

5000 万美元，在当年，看上去是个相当可观的数目。然而，对于一个需要硬投入、自主生产、自主销售的全新视光品牌而言，这 5000 万美元几乎容不得试错，只要有一步的投入没有用好，就可能导致没有下一步。

首先，让我们看下中国的眼镜（视光）市场大环境。坦率来说，当年甚至现今，“视光行业”的说法在中国市场都没能真正成形。多少年来，大家对光学眼镜的定位仍是轻工业小商品。不仅外界如此，甚至眼镜制造、验配行业的从业者也把自己定位为“卖眼镜的”。当人们走进一家眼镜店配镜，这个行为在大多数国人眼里更接近商业消费。

而实际上，在西方国家，视光行业的发展已有百年之久，其属性一直是半医半商。由于眼睛是人体最重要的器官之一，人类接受外界信息 80% 以上是通过视觉获得的，所以视觉健康状况直接关乎人的生活质量。在美国，镜片是需要 FDA 认证的“光学药品”，验光配镜更被视为高度专业化的工作。在英、法等国家，由眼科医生（Ophthalmolgist）、视光师（Optometrist）和配镜师（Optician）组成的“3O”体系，构筑一个保障民众视觉健康的铁三角。人们去配镜、购镜的行为，并非简单的商品采购，而是需要经过一系列专业人士建议和专业步骤执行的重要生活事件。眼科医生、视光师、配镜师都是神圣又令人自豪的职业，因为这是一项“给人带来光明”的事业，每个人都是光明使者，肩负光明的使命。

市场对行业认知的显著差异，令何毅意识到创建依视路（中国）所面临的巨大挑战；任重而道远，这同时也激发起他强烈的使命感。“民生健康，一直是我尤为关注的命题。曾经在达能工作，因为酸奶包括食品都与人类的健康息息相关，所以我工作起来干劲十足；同样地，视光行业关系到人类的视觉健康，哪怕它目前在中国还未被高度重视，这就愈发加强了我去普及、发展该行业的责任感，同时也说明该行业的潜力无可限量。”

走得快也许可通过各种捷径来达到，而走得远唯有使命引领，稳扎稳打，步步为营。

[吕博士专家观察评语：使命驱动商业成功]

无论是企业还是个人，在面临抉择和保持发展的关键时刻，都会将判断和决心锁定在使命感上。民生健康，这正是何毅内心里长期持有的使命感，也恰恰是依视路上百年来不懈努力的追求。何毅坚信，视光行业关系到人类的视觉健康，尽管彼时的中国尚未形成规模化、系统化、标准化的行业与市场，我们有责任普及、发展、引领该行业，为人民带来便利和福祉，这也正是市场的巨大潜力所在。

视觉健康状况直接关乎人的生活质量。眼科医生、视光师、配镜师是神圣光明使者。要营造一个良性和可持续发展的行业与市场，何毅看准了专业化，标准化的发展路径，他认为：走得快也许可通过各种捷径来达到；而走得远唯有使命引领。正是这一充满睿智的观察和判断，为依视路在中国成功发展、稳扎稳打，步步为营，指明了路径。

建厂很关键

由总部拨发的第一笔原始资金到位了。主要的规划用途是在中国建厂，因此也配备了一支非常精干专业的工程师团队。

从本质上来讲，依视路总公司设计生产的镜片可适用于全球各类人种的眼球，所以直接从总部引进产品到国内销售是最直接的方式。然而，进口产品有重重关税，还不说国际运输的成本与时间，从长远发展来看未必是合适的途径。所以，集团总部早有规划要在中国建厂，并将其培养成一个新的生产基地，为世界上更多的地区提供优质的镜片。建厂，是一项重大投入。虽然计划已定，何毅依然在行动前展开更实际和深入的市场调查。

知己知彼者，方能百战不殆。何毅积累的多年商业经验告诉他，在作出一项重要行动前，不妨先去了解一下竞争对手是怎么做的。每年在北京都有一个大型眼镜行业展会，全国眼镜厂家，包括主要镜片制造厂商都会参加，其中包括依视路的主要竞争对手：美国的苏拿和日本的豪雅。为了参加当年在北京举办的中国国际眼镜业展览会，何毅特地在北京注册了分公司，以满足参会条件。

展会里，他纵览了市场上主要同类品牌的产品，同时了解到苏拿于1991年已经在西安建立了专门的生产厂房。然而，从当时他们提供的镜片来看，虽然同属树脂片，品质上却与依视路著名的奥玛（Orma）树脂片仍然存在鲜明的差异，比如，单体的质量和纯净度，树脂片上没有做加硬工艺，易变黄、易刮花。这令何毅看到了清晰的方向：一定要将依视路的优秀工艺一脉相承地传到中国工厂。

在国内建厂从长期来看可以保证稳定、持续、成本可控的产品输出，竞争者已经做了，也侧面说明其必行性；同时，建厂需要大量投入，既然投入就要建高标准的厂，以继承依视路传统优异品质的产品，来与竞争者拉开市场距离。虽然，眼下的市场大环境下，人们在消费时，价格经常被列为第一考虑要素，所以大部分生产供应商会以成本来衡量生产，有些似乎不那么必要的工序会被省略掉。但是时代在变化，人们对生活以及消费的认知也在变化。尤其是视觉健康，关系到每一天、每一刻的生命幸福感。不久的将来，人们会意识到，配一副合适的眼镜不仅是单纯消费的商业行为，高品质的镜片对于生活品质的改善，终会使其成为人们必然的选择。

创始阶段，与CEO冯达磊先生面试时的谈话，经常回响在何毅的脑海。冯达磊说："我们所从事的不是快消品行业，所以我们不跑百米赛，我们跑的是马拉松。好的事物，是必须经得住时间考验的。要相信时间的力量。"相信品质、坚持品质是依视路的企业文化基因，有这样的信念力量支撑，加上何毅的商业敏感与直觉，让他在收集市场信息后迅速采取行动。

建造优秀的生产厂房，需要优秀的人才。上海，以其高密度的人才资源、活跃的市场贸易、优越的交通地理位置，成为厂址首选。虽然成本会比较大，然而一旦明确方向，该花的钱就得花。于是，依视路（中国）的第一家厂选择在上海。1996年4月，依视路（中国）买地建厂，松江工厂1期动工，占地7000平方米。

事实证明，这个决定为依视路（中国）往后的高速发展奠定不可撼动的基础。一代代推陈出新的光学镜片以优异的品质诞生，并快速投向市场。在市场需求的推动下，厂房一次次扩建，也率先建立了加工生产定制片的"车房"(注：工厂按照标准光度批量生产的镜片称为“现成片”，简称现片，而按照眼镜店订单特殊加工生产镜片的工厂被称为“车房”，“车房片”也以此得名，来区别于现片），使依视路不仅可以向市场提供标准化的现片，同时也可满足个性化的需求。更为重要的是万里路渐进片是百分之百的个性化定制镜片，因为其每一片镜片的光度都是按照商店的处方生产的，而这将成为依视路在中国大举俘获市场芳心的重头戏。

在大家的日夜奋战下，松江工厂于 1997 年 7 月 1 日，香港回归祖国的同一天，生产出第一片镜片，由此全面开启依视路在中国的自主生产线。截至 2019 年，松江厂区拥有员工 1150 名，同时保持生产线的高自动化和数字化管理，产能可达标准化生产的批量片 5000 万片 / 年，定制化生产的车房片 750 万片 / 年。

为全球生产的“松江制造”

这个厂至今是“依视路”的一大骄傲，一流的生产线、规范的管理，员工培训，使得这里生产出来的镜片质量达到国际一级水准，并且报废率极低。松江工厂的镜片报废率多年来在集团工厂排行榜一直是最低的。用松江工厂现任厂长石峰的话来说：通过大家的努力，“松江制造”已经成为一种优秀的标准。作为标准依视路人的石峰厂长说这句话时不仅充满骄傲，也有随企业共进步的深情。

曾经，日本尼康总裁来访，当时依视路全球总裁冯达磊先生和何毅一起陪同他们一行进行参观。要知道尼康对镜片的要求非常高，对自己国家日本的生产工艺充满自信和骄傲，尤其是日本的高折射率（见下标注解）镜片在世界光学界独占鳌头。参观一圈后，来到办公室，冯达磊先生拿出两块镜片，请总裁猜猜看哪一块是尼康的，哪一块是依视路松江工厂生产的，总裁先生举起两块镜片左右对比、仔细查看，竟然难分伯仲。由此，一向自认对镜片要求严格苛刻的尼康总裁对松江工厂的制片工艺竖起大拇指，一时间被传为佳话。很多事情命中注定，也许当年的尼康总裁拿着两块镜片仔细对比的时候，便已经预兆多年后的今天，依视路和尼康镜片已成为一家人，而如今其高质量镜片的部分后期加工正是在依视路的松江工厂进行。

大家都知道建厂是一笔巨大的投资，而中国市场虽然潜力巨大，但以1996年的情况来说，树脂片市场远未被打开。这样的大额投资，其意义何在呢？其实这个问题总部已经对此进行了论证并作出规划，根据依视路国际化发展进程和全球战略布局，中国是个必须瞄准的潜力市场，这个毫无疑问，然而在挖掘这块宝藏市场或者说等待其成熟的过程中，这个投入巨大财力、人力和智力的工厂，也应当为全球其他国家输送优质产品，提供高效的产能。松江工厂，不仅是中国的工厂，也是全球的工厂。放眼世界，不论是开发中的亚太地区市场，还是相对成熟的欧美市场，都需要稳定的产能支持，这个建在上海松江的高标准工厂，将成为依视路集团的重要生产基地之一。利用中国当年相对明显的成本优势，结合高标准的生产技术，为各个国家的镜片市场注入力量。同时，为国际市场提供产品，这项任务在建厂伊始便为工人们建立了国际化的标准与要求，也在行业内奠定扎实的标杆位置。有朝一日，当中国市场需求量爆发式增长的时候整个工厂不管是人员还是体系，都早已被国际化生产标准锻炼出来，训练有素，以优异的技艺大展身手，来迎接市场的挑战！

［注］镜片有很多参数，折射率是其中非常重要的一个。相同度数的镜片，折射率越高，镜片越薄越轻。现在市场上主流的树脂镜片有1.5，1.56，1.6，1.67，1.74等几种。镜片折射率越高，阿贝数越低，色散越明显。色散会影响介质的成像效果，阿贝数越高，色散越小，视觉效果就越清晰。阿贝数低，色散高影响视觉效果。所以一般来说，如果度数不高，可以选择中低折射率的镜片，高度数推荐使用高折射率，毕竟高折射率镜片的轻薄美观是此时的首要考虑。同时，还可以根据镜框大小来综合判断选择何种折射率，并不是高折射率就一定是最适合的。

不加硬、不出厂

树脂镜片的硬度较低，镜片表面容易产生划痕。为了提高镜片的抗磨损能力，需要对其表面进行加硬处理。目前，加硬方式主要是通对镜片的表面进行有机硅化，在镜片表面形成热化学及机械性保护层，以增加其抗摩擦性能。此保护层通常我们称之为加硬层，它同样具备相应光学特性。经过加硬处理之后，树脂镜片的表面耐磨损能力与玻璃片已经非常接近。对于一般的树脂片来说，如果不加硬，放在口袋里一段时间后就会磨花。国家标准制定的耐磨最低要求是镜片在摩擦范围内不应有可见的划痕磨损和磨损面，所以加硬并不是硬性规定，因此，当时市场上充满各类档次的镜片，哪怕是树脂片也分三六九等好多种。

在依视路之前，已经有其他国际镜片生产商先后进入中国市场，他们为了达到快速占领市场，其中采取镜片不加硬、分 A/B 级，低成本、低价格渗透的方式与玻璃片展开竞争。那么，依视路是该“顺势而为，推波助澜”，还是另辟蹊径?

当时，作为总经理的何毅踌躇再三，有些举棋不定。然而，既然已经看到了树脂片的未来，就应该有这个决心在中国打开市场。作为一个企业领导者，其责任不就是预测未来、引领方向吗？最后，经过审慎考虑，从依视路秉承的优秀品质出发，何毅决定在中国坚持优质优价的战略，树脂片“不加硬、不出厂”。产品必须达到集团标准，只要不符合 A 级水平，就全部粉碎。

视觉健康关乎每个人的生活品质，有关品质的事情马虎不得。何毅始终相信，首先要确保好的品质，为消费者的视觉健康负责，只要输出的产品是一流的，消费者终会为其买单。因其一开始就为依视路立下行业标杆的品质要求，使得依视路的产品得以牢牢地占据行业领先位置。对于基片的加硬加膜处理，正是松江工厂长年持续专注与钻研的重要工艺。

石峰厂长，在改变中臻求卓越

对于品质近乎完美的执着和坚持，似乎是依视路人一种共有的、心照不宣的标志。对于松江工厂的现任厂长石峰而言，“Made in Songjiang”（松江制造）等同于品质的保证，也是一种荣誉，“这是得到整个行业认可的”。石峰厂长正值盛年，每天一早去厂里是他从不厌倦的高光时刻，他曾在法国深造到博士，具有多元文化背景，仿佛让人看到一个年轻的何毅，或者说是那群身负使命感、在海外实现个人提升后，回到祖国尽效绵力的精英海归人士群体的代表。

从石峰身上可以看到海归人士典型的开放又平等的行为风范，带客进厂时他和所有人一样登记、留证，丝毫不会因为自己是厂长而要求特殊对待，言谈谦逊而不乏自信，这些品质在举手投足间自然而然地流露；一边和中国同事商量着相关事宜，一边接到法国集团同事的电话，便立刻以娴熟的法语无缝沟通，可以想象他日常工作中需要和多边协商时繁忙又自如的状态。和何毅又不太一样的是，石峰可以说是“土生土长”的依视路人。工程师科班出身的他，在法国深造时就已进入依视路研究所的博士项目组，进行前沿科技活性材料的研究和探索，之后顺理成章地留在集团，可以说他迄今为止的整个职业生涯都在依视路集团不同的岗位上成长、与集团共同前进。由一名科研技术人员，一步步稳扎稳打，走到前端运用，又由全球采购去到丹阳项目实地驻扎，直到今日成为一名成熟的优秀管理人员。“这跟依视路的企业文化密不可分，虽然我看上去一直都在一家集团工作，然而集团愿意开放多元的可能性，同时本身成长迅速，给了我们去不同岗位锻炼的机会。生命在于运动，我是个喜欢改变的人，一家企业也一样，如果始终固步自封是无法成长的。我庆幸依视路是个不断在改变中迭代的公司，所以身在其中，哪怕工作很长时间，也能依然保有热情，不断迎接挑战和成长。”石峰厂长如是说。

石峰 2016 年来到松江工厂，那时的他刚刚结束 5 年实地驻扎丹阳的管理工作。作为新任期的厂长，他的目标是将“松江制造”打造成品牌，让所有人一听到这四个字就认识到这是质量水平的保障。新上任之际，他毫不避讳地提出工厂进入“转型”阶段。石峰厂长说：“这个决定当然不是我一个人的，依视路集团的特点就是众商众议，在宽松又互信的氛围中，每个负责人都可以放开手脚更有力地去行动。”

工厂的“转型”开始于第一个大动作：关闭 1.5 基片的生产。了解依视路的人都知道，树脂片和渐进片是整个品牌对外销售的两大核心，关闭树脂片 1.5 基片的生产乍一听令人匪夷所思，一旦了解了背后的战略思路，便觉清晰透彻、一览无遗。“到 2017 年，松江工厂就有 20 岁之久了。全球市场环境和中国的整体市场环境在 20 年间都发生了巨大的变化，我们要随机应变”，石峰厂长以稳定的语速、铿锵有力地说道，“我们必须从劳动密集型，同时也是污染型工厂，转向能产生更高附加值的服务型、品牌型工厂”。当东南亚地区能以更低的成本，批量化生产树脂片的时候，将重心转移、加强自身的核心竞争力，聚焦于具有更多附加值的产品加工与定制片设计，是当务之急。这里也必须提到丹阳项目的成功决策，因为这些合并后的公司可以在很大程度上承担生产基片的工作，所以，松江工厂不再生产基片，而可以将精力集中在将基片加硬、镀膜的工艺创新上，批量生产出更高品质的、符合新时代需求高附加值镜片；增加割边中心，工程项目的开展，以及在需要强大设计能力的定制片加工上持续精益求精。

有取就有舍。关闭树脂片生产线，意味着相当一部分人的工作会有变化。对于这位上任不久的新厂长，这“第一把火”的举措会不会给他带来难题？“改变，必然会引起初期的不适”，石峰厂长坦然而言，“说容易那是骗人的，但得益于依视路自始至终贯彻的透明、尊重与互信的企业文化，我们和工人们之间可以非常真诚地交流。大家都知道我们有一个 Valoptec 的员工股东制度，某种程度上令员工们的归属感加强，将公司的事感同身受为自己的事，这样基于依视路长期发展的目标和共同的利益，大家便能理解并支持这项举措”。沟通之后，原树脂片生产线上的工人，100 多人顺利在内部转岗，剩下的也在适宜的条件下开启新的人生征程，就这样几乎波澜不惊地，石峰厂长完成了松江工厂“转型”路上的第一大举措。

对于石峰厂长而言，每一步举措都对应着适配的目标，来配合集团 2—3 年以及 3—5 年的战略目标，“转型”的方向是为了升级，提升整个工厂的多元化服务能力。升级体现在方方面面：依视路工厂从 2013 年推行 LIFE（Lean Initiative for excellence，精益生产），利用精益工具不断消除工厂浪费，在缩短生产周期和降低成本上成效显著。节流，是为了更好的开源。必须把握每天都在风云变幻的市场脉搏，面向于整个产品生命周期提供更优质的产品及服务，对客户订单的响应要更加迅速，以此持续加快工厂的转型。

首先，得益于集团研发部门的强大研发能力，松江工厂能始终给客户提供最优质的产品。然后在精益管理的基础上，工厂的自动化和数字化水平不断提升，优化内部流程为客户提供既优质又快速的一站式服务，不论是定制片还是批量片，或者两者的整合，都能毫无压力地做到品质稳定地输出。为了满足当今市场对于“快速交付”的需求，松江工厂还专门设有配送中心（Distribution Center）。对于一副定制片，可以保证客人在一周之内从下单到收到个性化专属打磨的镜片，这个速度可以说在国内是相当快了。松江工厂与上下游供应商们结为盟友，为合作伙伴提供持续的改善支持和技术支持，通过优化端到端的价值流，以提升整个供应链的响应速度和资金流转速度，同时也提升了合作伙伴的管理水平。

一个机体的健康成长，由每个细胞的共同成长所保证。所以，内部对人员的培养是个贯彻始终的课题，以提升组织快速变革的能力与柔性。自动化程度越高，对于人员的整体能力要求更高。为此，工厂采用集团的 LOFT（Learning organisation for tomorrow，学习型的组织架构）培训体系，对全体管理人员进行 GYT（Grow your team，发展你的团队）的 14 个管理原则的学习，以保证全员管理的理念统一。鼓励全体员工能够掌握多技能，使员工打破岗位壁垒，更流畅地实现内部轮转，培养人才的流动性，从而实现人员整体综合能力的上升便是整个工厂的多元化服务能力。树挪死、人挪活，还是那句话，给到更多改变的可能性，反而可以更好地保证人员长久任职于集团的稳定性。

一个健康的组织，正像一个健康的生命，在蜕变中不断地精进、焕新。能够迎接成长的喜悦，也必须能耐得住改变中带来的考验和痛苦。其实喜欢改变、适应改变，正是因为自身有向上的源动力，可以不断习得多元应变能力，全面武装，才可勇往不殆。这些应该是竞争对手与“松江制造”难以匹敌的根本原因。

骑自行车运货的业务员

在建厂过程中，资金大量用在大规模买地、买设备、建厂房、技术人员培训等等，所以行政费用只能压缩到最低，毕竟市场之后会怎么反应还不可测。“这是我的管理思路，看菜吃饭，早期情况不明朗的时候，该花钱就花钱，该克制就克制，为了依视路在中国能迅速又稳健成长，最早一批员工们还是吃了不少苦。他们是第一批‘功臣’。”时隔20余年，对于那段早期的日子，何毅现在回忆起来，依然历历在目。

在上海，第一间办公室就租在民用住宅房里，两个小套间装下所有办公人员。为了去参加北京的展会，北京分公司也是短时间内迅速建立的。由于行政费用有限，当时在北京的三个办事员非常自觉地在北三环租了个地下室，一方面省成本，另一方面也离北京主要的眼镜市场（潘家园眼镜市场）比较近。

在自行建厂、自主生产之前的过渡阶段，大家还是要靠从法国进口的拳头产品“树脂片”去敲开一家家可能的大门。在北京地区，最大的眼镜销售渠道之一，就是大明，另一个是同仁医院。借助“依视路”是法国知名品牌这个背景特点，大明抱着试试看的态度，接受试水依视路的第一批产品。然而，尽管国际知名，但对当时的中国市场来说，它毕竟是个完全陌生的品牌，而大明却是眼镜（零售）界的翘楚。对于一个新品牌的进入，送货上门是必需的。于是，为了把握机会，业务员自己担起送货的活儿，踩着自行车上门送货。后来慢慢发展起来，就骑着自行车来往于分布在北京各处的眼镜店，挨家挨户地推销和送货，几乎每天都要骑上百里的路。那时大家自嘲，因为这份工作都快成运动员了。

其中有一位工作人员名叫叶啸，本来是进城寻找机会的务工人员，一开始加入依视路北京分部，纯粹就是送货。因为工作过程中很用心，一边送货，一边对产品逐步加深理解。慢慢地，由送货员转变为业务员，为早期在北京开拓市场的阶段立下汗马功劳。

一个外在看上去光鲜亮丽的外企，并不一定需要每个人都手捧金光闪闪的履历，而是能将手伸进泥土里。一个来到中国发展的国际品牌，也只有真正扎根于中国的土壤，才能生根发芽。落地，就是脚踏实地。对于一个向上生长的国际品牌而言，必须要入乡随俗，到哪里的地域，走哪里的路。吃得了深耕的苦头，才尝得了生长旺盛的甜头。

好产品离不开好名字

Varilux 渐进片是依视路旗下非常重要的核心产品，使千千万万的人们受益于视光舒适带来的便利。然而，作为一种 100% 法国血统的产品，怎样能顺利地被中国消费者认识、并接受，是何毅需要琢磨的问题。

所有的经历都是财富。虽然身在迥然不同的领域，但之前在达能培养、积累下的“品牌营销”方面的直觉和敏锐度早已留在何毅的商业血脉。必须要给 Varilux 起个好名字，这是何毅的第一反应。一般来说，大企业遇到营销方面的问题，常规动作是求助于外包营销公司。但何毅并不想这么做，刚起步的阶段，资金要用到核心投产上，不能一味依靠他人。更何况视光领域是个具有一定专业度的垂直行业，必须要有深入的理解才能传递出正确的信息，这就需要对方花相应的时间进行沟通、学习和了解。这样的时间和成本投入对每一天都很宝贵的早期阶段来说并不合适。

自己来吧。何毅放弃了大企业聘请外部品牌咨询公司的惯常做法，聚焦于个人的力量。于是，那段时间，这个问题就像未散开的云层一样，盘旋在他的头顶和心间，如影随形，不分昼夜。各种各样的名字想了不少，但总是不够满意。要么，就是专业度够却不易于被人记住，不利于营销；要么，就是名字够好记但又体现不出产品的核心特点。心诚则灵，终于有一天，在新加坡开会的时候，幸运女神垂青于他。会议室的透明大玻璃窗外，林立着都市中心花花绿绿的广告牌。当年红遍天下的巨幅万宝路香烟的招牌映入眼帘。招牌上美国西部牛仔潇洒不羁地驰骋在沙尘飞扬的得州大地上，而何毅关注的却是旁边的三个中文大字——“万宝路”，不禁喜出望外。

“万里路”三个字清晰地浮现于何毅的脑海，自然而然又理所应当，像无需再证明的事实一般显而易见。这三个由“万宝路”启发来的字，一方面与红极天下的“万宝路”仅一字之差，上口易记（便于大众认知）；另一方面自然地传达出戴上渐进片可以让视觉远近自如，目光所及之处，清晰舒适（更长远的主要受益点）。同时，还和法语本名 Varilux 发音上有接近之处，保证其“血统上”的一致，还表达出视光健康助行万里之路这层更深入的寓意。简直没有更合适的了！找到啦！何毅高兴得连当时开会的内容都顾不上了，赶紧给团队发去这个 Varilux 的正式中文名，由此“万里路”将开启在中国大地上宏远的万里征途。

后来很长一段时间之后，在和冯达磊先生交流中，何毅才进一步了解到冯达磊先生看好并选择他的深意：依视路是一个工程师背景的集团，虽然在法国有相对深厚的历史积淀，但对于中国，尤其是改革开放后高速发展的中国，更需要有大市场视野的人来帮助它更快地打开并融入本土市场。何毅在达能积累的营销（Marketing）背景恰恰是他们非常需要的地方。同时，何毅敢于对过去清零，转换到完全不同的领域所表现出的勇气和求知欲，令人看出这是一个不惧环境变化，具有随机应变能力的人。事实证明冯达磊先生的决策之英明。就是在这样因地制宜、敢于信任、敢于尝试的大氛围下，何毅充满信心和智勇，开启依视路（中国）的“长征之路”，和全体依视路人一起面对挑战、接受挑战，在挑战中稳步成长。

树脂片还是玻璃片

环顾1996年中国镜片市场，基本上是玻璃片一统天下，而依视路的核心产品“树脂片”对当时的中国配镜者来说尚处于十分陌生的阶段。哪怕对于眼镜店，“树脂片”也属于一个全新的名词，大家对这样新生事物一知半解，尤其是听到价格比玻璃片贵上十倍以上，基本都望而却步，并没真正意识和理解到树脂片所增加的价格背后能带来怎样的“安全性”的价值。而“安全镜片”恰恰是这个市场有待开发的巨大生机。眼睛是生命的窗口，人们对“光明”存在天然的渴望和保护欲，光这一点就可能潜在地影响消费者的心智，改变一般消费者对于商品选择“价格第一”的判断，毕竟视光安全性和舒适度将大大改善生活的质量。于是，何毅暗暗思忖，如何加深消费者、包括业内人员对于树脂片的认知，将是他打开市场的第一步，破旧迎新必然需要经历一个蜕变的过程，也必然伴随蜕变过程中的痛苦。但这一关，再难也势在必行。

果不其然，树脂片好还是玻璃片好，这个争论在20年前的中国镜片市场引起了轩然大波。当人们习惯一样事物时，对于外来的新生事物多半抱着怀疑甚至抵触的心理。一些传统眼镜业人士听到何毅在不同场合呼吁大家关注使用树脂片，有的觉得他没事找事，有的甚至觉得他仗着自己从国外回来，尽整些华而不实的东西。这些来自行业内的不解和压力，一方面考验着管理者的心理承受能力，另一方面也是对其商业智慧的考量。经过思考，以及个人经验的积累，何毅做出这样两项举措，出人意料又在情理之中。

给树脂片做海报

在20世纪90年代，广告的概念随着各种海外投资进入中国市场，已经越来越令人熟悉，形式也开始丰富多样起来。然而，在被普遍看成“小商品”的眼镜市场上，几乎还没有广告的先例。为了让广大消费者理解“树脂片”的优势，何毅率先采用了店铺海报的方式。曾经在“达能”培养出来的近乎商业本能的Marketing sense（市场营销感觉），使他又一次在这个看似纯工业的镜片领域显示出优势。海报以形象易懂的图片，以近乎植入式的方式向前往眼镜店的人们展示了“树脂片”的优点：一片洁白轻盈的羽毛映衬着蓝天里飘浮的镜片——来显示树脂片相比传统玻璃片的“轻”；轻薄透明的镜片被置于一大块坚硬粗糙的岩石上——来对比树脂片显而易见的耐磨属性；阳光炽热直射的沙漠里，镜片依然保持明净透亮——来显示树脂片抗反光的优势；一片清亮透绿的树叶，衬托着如露珠般晶莹欲滴的镜片 ——来显示树脂片相比于传统镜片更“轻薄”的特点。

形象生动的海报制作成功，才仅是征途的一块砖石，下面更重要的是怎么来投放这些海报？何毅积累的战略营销经验再次发挥作用。第一步，走近精准人群。这些大海报以免费赠送的形式，被派发到各个眼镜销售端。能让枯燥单一的眼镜柜台出现一些新鲜元素，这令眼镜店的经理们欣然接受了这些视觉上既好看又有新意的宣传材料。除了这些用心巧妙的图片设计，每一张海报上都清晰地印着“依视路”的名字，这也是首次一家镜片制造供应商，以“品牌”的形式出现在大众面前。“树脂片”和“依视路”很快在消费者的认识里形成一种天然的联接。

第二步，当然是从精准人群扩大到更广泛的受众，使“依视路”步入越来越多大众人群的认知。人是交流传播的核心，李普曼在经典传播学理论著作《公众舆论》中提到“Stereotype”（陈见，也是先入之见），有对大众认知植入性影响的功能，并产生之后由口耳相传所能带来的深远影响。所以，对于更宽大的受众群，不管是眼镜店的常客，还是不常去眼镜店的、甚至不戴眼镜的人，尽早将“依视路”作为视光镜片专家带来革命性的“树脂片”为他们所知，哪怕是一掠而过也好、略有耳闻也好，都会像播种一样，看似细微却可能带来意想不到的成果和连锁效应，对于塑造品牌形象、拓展长期市场非常有帮助。那么，采用什么方式比较有效呢？

那个时候还没有如今这么发达的网络社交媒体，展示海报只有定点投放的方式。何毅灵机一动，看准了上海市政府对面的公交总站。那里聚集着市中心大量来往的人群，每天聚集着上下班的工作者们、上下课的学生们，也有为家务忙碌采购的家庭妇女或年长的爷爷奶奶们；除此之外，还有一笔不可忽略的点睛之处，这个公交总站的位置恰好在市政府大楼对面，“依视路”在走近更多大众的同时，还可以顺势步入政府工作人员的视野，“市政府大楼几乎所有办公室的窗，都正对着它”，这个绝佳的位置在何毅眼里像颗闪闪发光的宝石。

值得一提的是，当时何毅找到的广告设计公司，明确提出海报上使用的图片是全球收集来的照片，可能存在版权问题，不买断版权是一个价格，买断版权是另一个价格，并且价格不菲：24000美元。“应该是营销上花费最多的一次了”，既然找到了宝石般的位置，就要花该花的钱。在那个大部分商家还不知道，或者说不想知道版权为何物的年代，何毅当机立断以国际化的操作标准，坚持要求向原作者买下图片的版权。这个当时看上去也许并不关系到销售核心的事情，却为后来整个依视路在中国的品牌化发展打下了“根正苗红”的基础。

不久之后，人们便在上海市中心的市政府对面，人来人往的公交总站，看到四块巨大的电子屏广告屹立而起，展示出轻薄的树脂片在蓝天、沙漠、岩石和绿叶的四个场景，它们新奇又鲜亮地映入人们的眼帘、闯入大众的认知。事实证明，这波电子屏广告的呈现和投放，为依视路的树脂片打开漂亮的市场局面。令更多的消费者认识了“树脂片”，认识了依视路，也令更多商业同行看到一个专业的、有品质和市场营销能力的优秀镜片制造商。同时，规范的操作也潜在地规避了依视路作为品牌，在逐渐壮大的过程中可能遇到的各种法律风险。

一个诞生于海外文化的品牌，进入中国市场，既要理解、融入本地商业环境和文化，又要传承，并保证品牌的优良基因，取得两者的平衡兴许是使该品牌在中国市场的沃土上蓬勃发展的关键。专业、规范、追求品质和原则，正是品牌与消费客群建立信任的基础。

统一战线

中国有近 14 亿人口，其中 86% 的人需要视力矫正，还不算调镜、换镜率，眼镜市场的潜力是毫无疑问的。消费行为来自消费需求和认识。在大部分人习惯用玻璃片，且对新生事物尚抱有不敢尝试态度的情况下，改变人们的认知成为重中之重。然而，对于如此大的市场基数，绝非一家之言，“独展歌喉”可以打动人们，或者说造成有影响力的声量。那么，应该找谁一起来“合唱”呢？找有共同利益目标的人！哪怕他是“竞争伙伴”。

苏拿比依视路率先一步进入中国开拓树脂片市场，是不争的事实。虽然各自对树脂片的加工工艺要求不同，公司基因也大相径庭，然而在那个时刻这两位竞争者需要为消费者开启的是同一块全新的疆域：让更多的人认识并理解什么是树脂片。

这是双方都急需解决的问题，而市场那么大，孤行其事不如合力为之。何毅向法国总部提出这个化敌为友的大胆想法，当下便得到赞赏和同意。于是，一个春光明媚的午后，在上海瑞金宾馆典雅的一号花园别墅会议室内，双方 CEO 带领集团高层从巴黎和纽约汇集上海，整整一天半的时间，双方达成共识，联合出资，共同组建“树脂片推广委员会”，对“树脂片”的概念和优势作专业化的市场培训与推广。这是中国视光领域里罕见的联动举措，由此“树脂片”这样新生代产品，有如一道闪电般，以迅雷不及掩耳之势从行业内普及开，从各大眼镜店、各重要眼科医院或机构等方方面面，开启广大消费者的认知。大家逐渐意识到原来自己习惯的玻璃镜片，又重又易碎，而这样新生代镜片不仅重量减轻、不易摔坏，还非常耐磨，大大提升了以往的佩戴体验。由此，一场眼镜界的“革命”悄无声息又风起云涌地展开。

谁也没想到，之后短短几年内，中国树脂片生产销售以迅雷不及掩耳之势风靡整个市场，而存在了100多年的玻璃片悄然无声地退出了中国市场，而且退出速度之快、退出程度之彻底，大大超出了人们的预计。

今天，中国已成为全球最大的树脂片生产国和消费市场。市场变幻如长江拍浪，唯与时共进退。

[吕博士专家观察评语：品质成就基业长青]

依视路集团前首席执行官冯达磊先生曾强调说：“我们所从事的不是快消品行业，所以我们不跑百米赛，我们跑的是马拉松。好的事物，是必须经得住时间考验的。要相信时间的力量。”冯达磊先生的话，意味着依视路的使命、传统，依视路的品质、品牌；依视路的文化基因。这些，是一个企业基业长青的根本保证。

何毅为依视路的镜片引入中国而创立的中文名字“万里路”，正是对冯达磊先生这句话在中国实践的最好诠释。对于品质的执着和坚持，已经融入每一个人的心里、每一天的工作、每一道工艺和业务流程。这种持之以恒的努力，造就了依视路松江工厂的成功，由此而催生了石峰厂长和“Made in Songjiang”（松江制造）等同于品质的保证，获得了行业的认可。

只来了一个人的招聘广告

要说当年整个市场对树脂片的认知甚微，那么大家对依视路这个品牌的认知就更加寡淡了。刚从达能这个以强市场营销为基因的快消品公司出来，何毅对于如何建立依视路的品牌认知这个问题，惯性上首先采用的是传统打广告的方式。于是，在20多年前的上海《新民晚报》上，依视路第一次在中国平面媒体上出现，以半个版面的篇幅向公众告知法国专业镜片生产商依视路的到来，同时公开招募人才。这半个版面花费了近50万元，以当年的市场环境来看，算是大手笔了。

广告刊登后的第二天，何毅便早早守候在零陵路办公室，等候幻想中络绎不绝的应聘人才。出乎意料的是，从上午到傍晚，一整天根本就无人问津，何毅的内心如过山车一般从希望的高峰跌落到失望的谷底。最后临近下班的时候，终于来了一名高中生，才聊可证明这次广告确实是打出去了。

这次试错仿佛一声响亮的警钟，引起何毅的反思，虽然招聘广告不是消费者广告，但是这从侧面也反映了依视路品牌知名度比较低，公众对它并不了解，因此广泛的招聘广告并没有吸引力。

何毅因此联想到市场营销的策略问题，提醒他不同行业属性的产品，要有效地走近消费者、获得大众认知，还是要找到适合产品属性、能真正触达消费者并打动他们的渠道，尤其对于品牌知名度并不高的阶段而言。“广泛撒网”不如“重点培养”。对于20世纪90年代大部分购买眼镜的消费者而言，他们去眼镜店是“买”眼镜，眼镜店跟其他百货店的区别并不明显；而真正会影响他们的配镜行为，指导他们配多少度数的眼镜、用怎样的镜片，给出专业性意见的不是广告，而是——医院里的医生。医生们的建议对于大部分眼镜消费者而言具有绝对的权威性和说服性，是真正的意见领袖。医院这个渠道，将是未来首要的发声之处。

第一块敲门砖：找到“讲同样语言的人”

对于所有品牌来说，无论大品牌还是小品牌，第一批客人是至关重要的。就算市场逐渐对“树脂片”有了认知，如何打开销路依然是个严峻的课题。并且，可别忘了，在中国市场已经有捷足先登的竞争伙伴。当谈起依视路是如何在中国摸索到市场销售的第一块敲门砖时，向来对答迅敏的何毅竟然稍稍停顿了一下，思绪仿佛被拉入时光隧道，然后以一种饱含骄傲，以及对往昔岁月深情回忆的情愫，意味深长地吐出两个字：医院。

为什么是医院呢？因为能找到“讲同样语言的人”。当何毅以一家法国知名视光集团中国CEO的身份，带着依视路的树脂片，以及渐进片“万里路”来到北京同仁医院的时候，对方的视光科医师看到的不是一位带着外企高管光环，而目中无人的“金领海归”，也不是一心想着跑业绩而强推强卖的“急功近利者”，而是一位文质彬彬、谦逊又知性的知识分子。一坐下来，谈的话题是中国近视的孩子们越来越多，这个令整个社会需要关注的问题。同仁医院是人们心目中最权威的眼科医院，对全民视觉健康和安全十分关注，尤其是针对孩子们的用眼健康和安全是同仁医院关注的核心，成为迫切需要普及的问题。这个话题一下子就切中要害。少儿群体如果长期佩戴玻璃镜片，其重量对于成长期的孩子们而言会压迫鼻梁；而其易碎性，所可能带来的危险性就更加毋庸置疑。树脂片的诞生，恰恰解决了这些痛点，并且已在海外市场得到了充分的验证。

平易近人又有理有据，何毅和同仁医院的专家们以一种同频对话的方式，使彼此对树脂片达成共识，而并非谁去说服谁。医院的首要任务是为视光健康有问题的患者们带去有效和安全的解决方案，一旦得到他们的认同，那普及、推荐给广大对改善视觉健康的消费者就会是一件自然而然的事情了。

而要进一步来说的话，何毅为何会想到先开辟医院这条先河，和他的个人成长经历不无关系。故事要回到五十多年前，中苏边境接连爆发了几起冲突事件，战争气息逼近，北京开始实行大疏散。同时整个社会环境依然笼罩在“文革”的特殊背景里。双重压力之下，当时还不满十六岁的何毅被派送到大东北黑龙江的生产建设兵团。

“是黑龙江四师”，对于这段鲜为人知的青春经历，何毅记忆深刻，“整个农场都是军事化管理，刚开始我也跟着春播秋收，可能是看我人小，学习热情比较旺盛，后来组织上把我拉去当赤脚医生。正是这段经历，在某种程度上真正打开了我对人生意义的理解和追寻”。什么是赤脚医生？也就是从来没有正儿八经学过医，靠着跟诊、自学、摸索来给人看病。“当时组织上让我跟着卫生站的阿姨，现学现摸索，从接生到看诊，样样都接触过，可以说见识到浓缩的人生百态”，何毅回忆起来依然百感交集。当面对一个个鲜活的生命时，哪怕没有经验，一种巨大的责任感推动着他日以继夜地学习与探索，基本上每天都睡在诊室，把一本本医学相关的书都啃下来。一本六七百页的书，几乎每页都能背出来。“从那个时候开始，我对医学和健康产生了强烈的学习愿望和热情。要知道我负责两个连队，将近五六百人，他们的健康跟我息息相关”，感受到责任的同时，他也深刻体会到“被需要”的价值，并因此看到自己的人生方向，“很多人都觉得农场生活充满辛劳，那是事实。但我也很庆幸，能在那样的社会环境下得到珍贵的学习和实践机会，这段经历对那个年纪的我来说是个巨大的成长阶梯。”

人们控制不了环境的变化，却可以在不同环境下调整自己的态度，而命运无声的安排也许正写在人们每一次应对环境的态度和行动里。面对艰苦的生存环境，不同个体顽强抗争的生命力，以及对美好未来的坚持和希望，令何毅对生命产生博大的敬畏，也因此种下他与“健康”命题的一生之缘。

在中国市场开山辟路的早期阶段，市场是新的，也没有成熟的经验可借鉴，何毅在深入了解产品优势特征的基础上，以个人经历的积累为直觉导向，循着“讲共同语言的人”这样同频交流的方向，在茫茫市场之海里，走出一步至关重要的销售策略高招。由于医院在中国的眼镜消费者市场具有权威性的话语权，尤其在 20 世纪 90 年代，这为“依视路”的专业口碑奠定了重要的基础。

每一个人走过的路，只要用心经历，不管高低，都将成为他今后每一次成就的铺垫。如果我们能好好珍惜和把握，个人经历是每个人独一无二的财富。

令人心动的车房片

市场销售端一点点的开启，需要有优质稳定的生产端做支撑，所以在松江建立标准化生产工厂是开启中国市场的关键第一步。然而，以当时的镜片市场来看，竞争伙伴们有的早已建立了自己的工厂，比如苏拿。依视路要想迅速建立品牌认知，必须要拿出比苏拿更让市场“心动”的产品和服务。

“建立车房工厂是个必要举措。”现在回头来看，何毅更加意识到该举措的重要性。首先，什么是车房？比如说，一般在眼镜商店货架上能买到的眼镜，提供球光 0 到 1000 度、散光 25—200 度的选择，这些是常规的标准化制造镜片，称为现片；那么，遇到超过这些光度需求的特殊情况，就需要有特殊的镜片加工工艺来实现，这些根据特殊情况进行特殊处理的镜片，就需要区别开标准化现片，而由专门的工厂来定制加工，这样以定制片加工为核心的厂房在业内也被称为“车房”，在“车房”定制化打磨出来的镜片则被称为“车房片”。

依视路以法国源头的高品质镜片来建立品牌的制高点，在价格上势必没有优势，所以，必须要有令人信服的差异化服务来拉开和其他竞争伙伴的区别。而在法国包括世界上其他的主要地区，车房都已成为依视路的一项主要服务，一方面解决市场上千人千样、地域环境及生命多样性造成的视光多样化问题，另一方面也是对技术和工艺的不断打磨和激发。还必须看到的是，社会的发展、个性化产品和服务的需求会越来越多，万里路镜片就是一款百分之百的个性化产品，每一片都必须按照消费者的验光检测数据加工制造，没有车房，依靠海外订单加工生产是根本无法在中国市场上推广的。

谈到车房片，有一位必须提及的“功臣”，他就是最早加入并一起组建定制片加工车房的工程师陈建国先生。“我是 1997 年 3 月加入依视路的，可能是命运的安排，就差几天的时间，另一家镜片集团也给我发出了邀请，因为已经签下合同，我成为依视路定制片车房最早的员工，也由此开启了我在依视路一生的职业生涯。”陈建国工程师作为早期技术员工，见证了依视路在中国的发展历程，现在已成为依视路中国的技术一宝，退休后再次被返聘回来。

见到陈建国工程师的时候，他身穿依视路实验室的白色工作服，眼戴依视路透亮的镜片，手里拿着一本稿纸装订的记事本，谦逊儒雅，丝毫不见所谓“老资历”工程师的“高姿态”。陈建国虽然谈吐斯文低调，但字斟句酌的回忆里，透着与依视路相伴一路的万千感慨与深情：“最早建立定制片车房的时候，只有两个人，机器设备都需要摸索。每个定制片，背后其实都是一套特殊的设计方案。我们擅长的是冷加工，也就是说天寒地冻也要用冷水操作。虽然条件比较艰苦，但是充满了干劲，因为何总在我们心里种下一粒种子：要做中国最好的车房。”

鸿鹄之志仍需接受现实的考验。在早期阶段，由于种种限制，定制片的产能持续低迷。“每天早上 90% 的合格率，到下午就断崖式下降到 70%、50%……那个时候是很焦虑的，心有余而力不足那般难受。”陈建国工程师的言语里无不透露着急公司所急之情，仿佛时间倒回，在他鼻梁上架着的晶亮的镜片里，反射出二十多年前无数个在定制片车房里打磨、探索的日日夜夜。何毅在那个时候，却并没把眼光局限在国内，而是去到依视路其他国家的定制片工厂进行考察取经。回来后跟大家分享了各个定制片厂房的生产经验，同时提出英国的车房一天可出2000片，我们要以这个数量为目标。目标是前行的方向和动力，英国出产的品质不言而喻，何毅并没有被中国定制片厂房起步阶段遇到的困难所吓住，反而以发展的眼光带领大家向优秀者看齐，相信大家的实力，团队犹如被注射了一剂强心剂，也在不知不觉中开发了大家的潜能。

“当时车房只有一条宗旨，就是什么订单都接。想尽一切办法做！”生产定制片本身的出发点就是弥补标准片不能做到的个性化设计的需求。个性化意味着各种超出常规范围的情况，某种程度上每一副送进定制片车房的镜片都是一个独特的挑战。它需要的不仅是娴熟的设计能力和加工工艺，还有不轻易说不、勇于攻坚也乐于被激发的心志。“那个时候，为了研究一个特殊镜片工艺，可以反复打磨，日夜兼程。有的时候，方案没研究出来，晚上就在厂房打地铺，睡几个小时接着钻研。整个团队充满干劲，不仅研究设计方案，还设法系统化，将设计思路拆分成一个个分系统，以便由易到难地传授给更多的后来者，以此扩大产能，并兼顾品质。”现在看来，在这样的要求和自我驱动下动作，磨炼的不仅是技术，也是整个团队的意志和信心。陈建国工程师和车房师傅们就这样上下一心，定制片产能在2000年产生飞跃式的发展，每日产能由一开始的几十片提升到400多片，现在的产能早已成为全球最大，达到日均设计能力为20040片/天，最高值为23000片/天。厂房也由最初虹桥路100多平方米的空间，发展到延平路300平方米、长宁路400平方米的车房，到后来买下位于九亭1500平方米的厂房，现在整个定制片厂房归并到松江的大厂区，总面积达4000多平方米。定制片的生产时间由原来的D+3（接单后三天）又降了一天，到D+2（接单后两天），这意味着可以把镜片早一天交付给消费者，从客户下单到拿到定制片最长只需要一周的时间，可以说在国内是相当快的了。

在公司二十多年，见证了视光行业在中国的兴起、起伏和发展，作为定制片车房最早的工程师，也是依视路在中国成长基因的一分子，陈建国工程师目前属于退休又返聘的“教科书式”人物，过程中自然也遇到过类似高薪邀聘的诱惑。他坦言：

要说硬条件，市场上其他的竞争伙伴也都不差，但有些软实力恰是令人难以割舍的部分。比如说团队的凝聚力，大家为了一个难题而不断精益求精；因为好的设计工艺得到市场好的反馈；陪伴并见证着公司一步步成长的过程，这些都是不可替代的。以陈工为代表的老一辈，用身体力行为年轻一代传递吃苦耐劳、兢兢业业求索的精神，奠定了依视路在中国开拓征程中重要的团队力量和文化基因。

会面最后，陈建国工程师反抛出一个问题，来自他多年行业经验积累后的个人深思："当两家不同的镜片公司各自厂房的硬件设备差不多的时候，做好什么才能形成真正的差异化优势?"他的语音依然轻缓又稳重，并透着确凿的信心，用两个字来回答：服务。

真诚，无可替代的服务

说到服务，在中国依视路同样工作了二十多年的周禹主管，从早年提着摆满镜片样品的公文包、一家家眼镜店走访的销售一线，到拉起销售队伍与何总一起制定销售战略的销售经理，再到整个依视路在中国的客服主管，他是极具发言权的。这是一个高大、利落的男子，说话掷地有声，虽然再过几年就要退休了，却没有给人任何懈怠的感觉。他身穿短袖T恤，动作雷厉风行，带给人那种只要需要便随时冲到第一线的火热能量。他带着这样的能量，已在依视路度过二十多个春秋，看似漫长的经历，周禹叙述起来却历历在目，仿佛一部流动的电影，深有感触的故事更是随口即来。

“记得有一年，客人在年三十前一周下的定制单，希望在大年初一收到，用明亮的视野开始新一年，求个好兆头。问题出在年二十八，车房质检发现镜片处理还需要一些改良，大家加班加点，最后在年三十前完成了。可是，运输赶不上了。那时候可没有像现在这么发达的快递业务，又加上年三十，找到有效运输途径简直难上加难。”哪怕事情过去这么多年，周禹主管回忆起来，依然身临其境般为当时的情况着急："这可怎么办？我看了眼收件地址，眼前一亮，随即大喜：地址在苏州，幸好离上海不远。那时也管不上年三十的交通多么拥挤，带上崭新的眼镜，找到去苏州的大巴赶紧跳上去，把年三十的家庭大团圆抛在了脑后。"最后，周禹主管如约并亲自将眼镜交到客户的手里。当他敲开客人的家门，房间里四溢的佳肴香气扑面而来，才让他意识到自己的家人一定也正忙着备餐，等他回家团聚。客人自然是又惊又喜，非常感动，要留他一起吃饭。"当时，也不觉得自己做了什么大不了的事情，就是觉得心里很踏实。便谢过客人的邀请，打道回府，大概在午夜前赶回家里。"这件事情随着日常大大小小的事务很快便淡去。"当时就觉得应该做的，没想过邀功，所以也没再提。但几个月后与眼镜店家的一次会议，令我意识到诚心服务有多么重要。"

转眼年过春回，大地复苏，整个世界展开蓬勃热烈的生机。每年五月，何毅都会要求销售团队做好安排，一同去到各省市的眼镜销售店进行走访。其中有一家，在拜访时向依视路团队指出不少问题、提出各种意见。随行人员一时有些赌气，问了句：我们有这么多问题，为什么还要和我们合作呢？没想到店面经理讲起了几个月前，周禹主管在年三十为客人亲自送定制片的故事。"我们不仅要和你们合作，还要长期甚至独家和你们合作。你们供应商能有这样打动人心的服务，我们销售店家还有什么理由不拥抱你们？提出问题和建议是出于信任和爱护之心，希望你们能越做越好，也能让市场上更多的顾客认识到依视路由产品到服务的由内而外的优秀。"

真诚的服务是和顾客建立深度联系与情感的最好方式。不用刻意，也无须放大，好的产品会说话，好的服务更是，人心自有衡量。类似这样的故事，在周禹二十多年依视路的工作生涯中，不胜枚举。而有一个故事，他强调不得不提。业内都知道，依视路的镜片价格在市场上来看是比较高的，因为它从选料、打磨、加硬、覆膜等每个工艺步骤都以高品质为标准，如上文提到的"只做 A 级标准的镜片"。向来对自己品牌的产品很有信心的周禹，有一天接到一个棘手的电话："南京的某家眼镜店说有位老先生，天天拿着眼镜来店里吵，说镜片不够好，不满意。"店员看了，镜片没有问题。但实在被吵得没办法，就只有打电话让生产商来看。

听了描述，起初周禹的第一反应是会不会碰到一位鸡蛋里挑骨头、存心找事的客人。情绪过去，冷静下来，再站在对方的角度想想："要知道我们的镜片价格是比较高的，那时候差不多是 2001 年，一副依视路的眼镜甚至可以抵上某些工薪阶层一个月的工资！"老先生愿意花大价钱买眼镜，说明对视光健康的要求比较高，也是对个人生活质量很有要求的人，一方面对依视路的品牌有信任感，另外一方面自然也有更高的期待。"如果我们生产的镜片是一流水平，就应该经得起消费者的考验"，一旦想清楚，周禹第二天便风尘仆仆地赶到店家，老先生早已恭候。

确实，对于这副高价购买的眼镜，老先生小心翼翼地呵护，眼镜盒外还加用干净手帕层层包裹。周禹拿起眼镜，在专业灯光设备下仔细端详，根据《依视路表面质量企业标准》的质量缺陷参数（划伤、晶点等）进行判断，这些判断标准也同样符合国家质量标准，都没有发现任何问题。就在这时，老先生递来一把放大镜。他拿起镜片，在放大镜的作用下，一块镜片里出现一个微小的黑点。"如果以一般肉眼可见的判断标准来说，这个镜片属于 A 级是没有问题的，但客人对我们提出了 A 级以上的更高标准。依视路作为全球优秀的镜片生产商，向来以品质和客户体验为第一追求，客户对我们提出更高的标准，理所应当，也是一种鞭策。"周禹放下手中的放大镜，当即决定将眼镜送回厂里，为这位客人重新配制一副镜片。老先生后来很满意，给家人、亲戚、亲朋好友都力荐依视路，他们都相继成为依视路的忠实客户，以及口耳相传式的优秀"推销员"。说到这里，周禹主管露出如释重负又充满骄傲的笑容。

一个品牌之所以能深入人心，销售的不仅是优质的产品，也是那份想人所想、急人所急的"将心比心"。

[吕博士专家观察评语：信任让依视路走进人们的心里]

周禹主管在大年三十乘坐大巴赶去苏州把眼镜如约交付给客户这件事，深深地感动了正在和家人团聚过年的客人。这是依视路人行"万里路"时迈出的每一步

“信任的步伐”。这种与客户之间的信任，让依视路的品牌走进了客户和合作伙伴的心里。

客户对依视路和它的品牌从认知到认同，从认同到信任，是靠着依视路始终如一的品质精良和真诚服务来建立起来的。即便是面对苛刻和挑剔的客户，周禹主管都会站在对方的角度想一想客户花了比较其他品牌价格更高的价钱买依视路的眼镜，是因为对视光健康和生活质量的重视，这不正是依视路所追求的使命所在吗？这不正是依视路品牌的根基吗？把客户提出更高的标准，当作一种鞭策。

不得不提的快消基因

“其实，我原来是何总在达能的下属”，周禹主管毫不掩饰地说，甚至有点强调的意味，“这么多年来，我走在销售的前沿，在何总的指导下，见证依视路在中国迅速又茁壮的发展。这过程中，也一直在思考和总结经验。个人发现恰恰是曾经在达能这个快速消费品品牌工作过的经历，使得何总的营销思路、速度和行动力有着超乎一般工程类企业的节奏”。

无独有偶，何毅在一次电话采访中提到一个曾经发生在达能的故事。时间回拨到三十多年前，何毅刚刚入职法国达能的总部，周身散发着刚从法国顶尖商校巴黎高商（HEC）毕业的精英分子难以遮挡的光芒，以及准备大展拳脚的雄心壮志。可是，没想到他首先被派任的工作竟然是销售员。当时的他还没意识到，这几乎是所有大集团培养管理岗人才必走的第一步。

“大概在深夜十一点左右，我接到电话，让我第二天八点准时到布雷斯特（Brest）城市的超市H门口集合。”布雷斯特位于布列塔尼半岛西端、布雷斯特湾的北岸，是一座海港城市，近乎是法国最靠西面的城市了。而当时何毅住在南特

（Nante），也就是达能法国西部销售部门的所在地，地理位置偏法国的中西部。考虑到路程，以及可能出现的不可预测的情况，何毅当下快速收拾了下行李，立即出发。第二天清晨，布雷斯特的天空照旧被布列塔尼地区常有的灰色云霭所覆盖，何毅准时出现在超市 H 的门口。

何毅和同事们要执行的任务看上去傻极了，背后却隐藏着快消品行业不见硝烟、你死我活的残酷竞争。他们要做的就是在超市 H 开始营业的第一时间，推着最大号的超市滑轮车去席卷式买下一排又一排的达能酸奶，不管是原味的、水果味的，尽量装满，然后去柜台排队、结账。如果有超市保安对他们的行为予以干预，什么都不要说，不要有冲突，直接放弃，过一会再试试。而这个看上去匪夷所思的操作，是为了抵抗快消品行业中经常发生的“价格战”。原来在超市 H 的对面还有一家更大的超市 L，这家超市 H 没有和达能协商，私自降价促销活动以吸引客流。竞争者 L 指责达能没有一碗水端平，要求补偿！时间紧急，一方面总部与该超市沟通，与此同时，派出达能销售人员去超市 H 进行大规模回购，以此证明达能并没有给予他们价格优惠，同时也清楚表明达能品牌反对“价格战”的态度，超市 L 很快看到了我们的行动，对达能一肚子怒气也就平息了。

“快”是快销品行业最大的特色，反应迅速，处理果断，刚柔并用，处理到位的执行力则是在此行业内效率与成功的保证。

在周禹看来，达能这样快消类食品行业是最能培养营销奇才的。“要知道，一般来说酸奶的保质期最多三周左右，每天的产销存，都与市场销售密切相连，以销定产，供不上货，店家会抱怨，产品到期销不出去，公司损失，每天都是活生生的数字在说话。而市场上类似的品牌繁多、品类迭代迅速，竞争极其激烈。”这种时时刻刻的“危机感”所带来的压力，既像炼狱，也能转化为动力，变成锻造金子的熔炉。“压力逼迫着你必须快速奔跑，要跑在前头，还要持续地跑在前头。这不是光靠蛮力就可以的，要有策略、智慧、市场敏锐性和坚强的意志，何总就是这样一个典型。”

因为曾经在快消行业培养出“时刻警惕，跑在前头”的快节奏工作方式，何毅对依视路的领导和管理，相对这个没那么“快”的行业来说，仿佛注入一剂有力的催化剂。经过周禹二十多年尖兵式工作的历练，他将过程中的实践、观察和思考，提炼为：

1. 快消式运营思路。首先就是整个体系的运行速度相对更快。自上而下，从管理层落实到执行、从产品生产到市场营销，都分解成有明确时间节点的分目标，大家透明而有效地朝目标导向全力前进。快速推进，潜移默化地渗透到方方面面。“这个思维很重要，因为它会影响到整个团队的思想和行动。”要有跑在前头的劲儿，才能真的跑在前头。

2. 多品牌、多元化策略。这是典型的快消行业的打法，不断推陈出新，大品牌下面开枝散叶，针对不同的客群连生不同的子品牌，以及在同客群基础上开拓新的品类。周禹看来非常成功的一个例子，就是引进依视路的法国副线品牌，并加以本土化，在后文会专门介绍的碧碧及亚（BBGY）。“中国市场的优势在于人口红利，但同时市场分层也比较明显，如果能有效地满足各个不同梯级的客群，那么这个公司才是真正能站得住脚的”，周禹边说边拿来两本不同的介绍手册。众所周知，依视路主品牌是以优质原料和精湛的工艺始终站在整个行业的领头位置，但因此也造成了价格居高不下，令不少消费者踌躇。有了 BBGY，就给更多消费者一个阶梯，相对于依视路本品牌，BBGY 在相对中低的市场里呈现稳定且优秀的品质，主要区别在于镜片膜层的颜色，但价格上更加亲民，同时对主品牌不会造成目标群体模糊的伤害。消费品思维一定是从市场角度出发的，去倾听消费者想要什么，能接受什么，然后我们以尽量快的速度和好的品质去满足。

多元化的策略不仅延展到横向的品牌运作上，也深入到垂直的品类开发上。谈到这里，周禹兴致勃勃地取下自己的眼镜。乍一看，镜片透亮光洁，设计端正大方，无疑是高品质的镜片。没想到的是，他拿起眼镜快步走到窗前，将眼镜放到室外光下。六月的梅雨刚刚消停，外面的天空被乌云覆盖。有趣的是几秒钟前还晶莹透亮的眼镜，在光照下，镜面颜色竟然逐步转黑，大概短短十几秒后，先前还是精致端庄的正常护视眼镜，俨然变成潇洒神秘的黑色太阳眼镜。这可是阴天的光照，可想而知遇到晴天的阳光，镜片变色速度会更快。

周禹主管对这副眼镜的骄傲之情溢于言表。“这是另一个非常成功的案例”，他挥了挥手中的眼镜说，“针对中国市场的大环境和消费习惯，何总围绕‘眼镜’这个主题，进一步挖掘出‘装饰品’的属性，从这个基础上去开发，那么一个人就可以不只拥有一副矫配良好的眼镜，他可以为了不同场合的需要，去佩戴不同的眼镜”。由此，诞生了既能矫视、保护日常视光健康、又能防强光和紫外线的变色片，既配合了日常需要，又可以展现出鼻架黑超太阳镜那种酷炫的形象，结合多功能于一体。又比如说，依视路在中国合并了集视光保护和潮流时尚为一体的眼镜品牌“木九十”，都是从这个思路伸发开来。这些举措是基于中国市场的特点出发，很有创建性的突破。

3. 体验式销售。其实这和上面提到的“服务”异曲同工。市场上同类产品众多，在五花八门的选择中，消费者所花的钱对应的不仅仅是一副镜片，而是能够不断地改善他们视光相关问题的能力，为他们带来全新的用镜体验，配合上专业化的配镜过程，以及周到的售后服务，这样形成的整体体验才会牢牢地拴住客户们的心，因此对依视路品牌产生由衷的信赖。这需要对市场需求有非常敏锐的洞察，比如说树脂片的推广就是洞察到玻璃片易碎这个显著的问题，只要问题切实存在，那么改变消费习惯就是早晚的事情。当然，树脂片不易碎，并不代表其不会碎，因此依视路后来持续迭代，生产出宇宙片（PC 材料的镜片），可以达到完全不碎、耐砸。这些层层递进的新开发，正是帮助消费者不断感受新的用镜体验，更好地享受美好生活。注重“消费体验”，才能使所生产的产品与消费者产生真实的联系。

因为这样一种快消思维的基因，周禹从达能换到依视路，并没有遇到明显的水土不服的状况。相反地，他可以快速理解并认同何毅定下的市场策略，将原来积累的一线销售经验，积极有效地转化到这个看上去偏工程师文化的企业。周禹说：“仔细想想，集团领导选择何毅这样深谙中法文化、又在快消品行业取得成功业绩的精英，作为中国区业务的开拓者和领导者，着实英明，富有远见。”周禹主管在依视路二十多年的职业生涯中骁勇善战，不光以完成指标为驱使，而是自发地对行业、品牌和市场进行深入洞察与思考。使员工成为企业发动机的一分子，这或许也是依视路的魅力所在吧。

独立代理商，棘手的问题

其实，在何毅正式带领依视路开辟中国市场之前，依视路在中国市场主要以代理商的形式出现。南、北各有一个比较独立的代理商，都做了较长的一段时间。一方面，他们为依视路在中国开辟了最早期的客户，功不可没。然而，另一方面，代理商并不是品牌方，没法真正地传递品牌精神，对于一个将要在中国开辟江山的品牌来说，并不是长久之计。当何毅带着建立依视路品牌的使命来到中国，并来到两位代理商面前的时候，他们并不欢迎他。对他们而言，何毅是来抢他们的饭碗，这可真是个棘手的问题。

对于北方的这个代理商，何毅以开诚布公的方式和他敞开心扉交流。依视路进入中国是必然的趋势，与其分庭抗礼，不如合力，品牌方也不会薄待为其成长做出贡献的人们。北方人比较豪爽，见何毅此般坦诚直接，便逐渐把已有客户转交给他。一方面这些客户可以得到更好的维护，另一方面他也可以分到该有的一杯羹。

然而南方的代理商就没有这么简单了。南方的代理商是一位颇有资历的杨先生，曾经当过老师，后来转向镜片行业，对于自己长期开拓和维护的客户非常看重。哪怕是依视路法国本部品牌方来访，也不太情愿将客户介绍出去。迫于与总部集团的关系，他安排了一次场面上的聚会，表面上是让客户和品牌方认识下，实际上依然是自己和客户坐一桌，把何毅他们安排在包厢的外面一桌。对于这样的情况，何毅知道硬来无用，便在“毅”字上做文章。没有引荐、也没有关系，他凭借着自己人如其名的毅力，一家一家上门去探访这些已经采用依视路产品的客户们，并且不厌其烦地向他们解释品牌理念、使命、最新的产品，以及售后服务等等。从而一家一家地将这些客户重新收回到自己品牌手里。大概历时两年多，南方代理商发现自己的客户，不知不觉间都逐渐和依视路品牌方直接合作了，即使万般无奈，也只好接受现实。

针对不同情况，该出手时出强手，花该花的时间，啃难啃的骨头而毫无怨言，这些曾经在达能这个成熟公司里未曾遇到的问题，使何毅一次次拓宽自己的能力边界，也坚定其与依视路共同拓展、成长的决心。

一位不同寻常的“管理者”

说到这段和代理商之间的故事，何毅不禁回忆起刚入这一行时与业界的“关系”问题。

刚入行业时值1996年，那个时候眼镜在大多数人的眼里和小商品无异，而眼镜店被称为“卖眼镜的”，更别提验光师、配镜师的专业分类，他们全部被统称为“营业员”。这个情况至今尚存，眼镜行业的规范化、专业化如何被社会更广泛地认知和接受，也是何毅长年来积极呼吁和建设的主要内容。而当时经营眼镜店的人们大部分经历了时代的洗礼，最蓬勃的青春年华献给了“上山下乡”，普遍没能受到良好的高等教育，因此从客观的视角出发，何毅在一次媒体采访中曾就事论事地提道：“眼镜行业的从业人员大部分素质都比较低，需要改善。”要知道，这样有伤“面子”的大直话，在以人情交换生意的中国市场可是大忌。于是，一石激起千层浪，不少大型眼镜连锁店的老板们群起而攻之，有的甚至直接打电话责骂何毅：别以为你是海归，就看不起人！

一入行，就被行业人士围攻，自己的坦诚之言出于“爱之深、责之切”，然而却未必能被大部分人所理解，或者说未必能适应当下的中国环境。何毅曾一度陷入迷茫。后来回忆起来，他坦言这也是其首先选择对“视光”认知更加专业化的医院进行推广的潜在原因。在你无法被大部分人理解的时候，去找“讲同样语言”的人其实也是一种自救的方式。好在“依视路”以科技为先在海外取得的成绩，为品牌奠定下扎实的技术基础。有技术为核心，就能吸引来有志之士。就在消沉之时，一天，一位来自温州医学院的瞿佳教授敲响了何毅办公室的门。

瞿佳教授是中国改革开放后第一个建立“眼视光”专业的专家级人物。他执掌温州医科大学眼科 13 年之久，培养出一批批眼视光人才，卫生部建立的第一家中国眼视光中心就落户在温州医学院（温州医科大学的前身）。当年，为了在国内建立先进的“眼视光”教育体系，他自然而然地找到世界上顶尖视光集团依视路。当时瞿佳教授联系到法国总部的前总裁冯达磊先生，于是被引荐给中国地区总裁何毅。“与瞿佳教授的会面让人真正感受到什么叫‘一见如故’”，何毅现在回忆起来依然感慨，“瞿教授不仅是专业领域的佼佼者，同时还有深远的商业思维”。温州医学院是国内在眼科医院设立验光配镜的先行者。他给何毅介绍了中国眼科和视光的来龙去脉，以及温州医学院所尝试的眼视光教学和商业发展规划。这一席深入浅出又高屋建瓴的教诲，令何毅茅塞顿开。

瞿佳教授对专业和行业深刻理解的洞见之语，令何毅叹服不已，并对视光行业在中国的发展前景重新建立了信心。对于眼科，瞿佳教授常年深耕、无怨无悔；同时他也是改革开放后中国视光业第一人，一路走来经历过各种困难。那么，对于自己所在的视光行业，又怎么可以因为一些暂时的坎坷，而否定其无比宽阔的市场空间呢？犹如一艘开启航程的船舰，茫茫大海里总会遇到风浪，然而一旦找到灯塔，明确航向，风浪也会变成助力，前进就是唯一的目标。于是，何毅结合当下形势，深思熟虑后意识到“打通并建立认知”是撬动这个行业的关键。于是，他全力寻找“知音”，与眼科医院展开合作，逐步建立起依视路的专业形象。

虽然当时的竞争伙伴，比如说豪雅以集中做广告为主，苏拿则走性价比路线，何毅却以建立市场对“视光”行业以及专业镜片的长久认知为方向。所以才有了上面联动苏拿建立“树脂片推广委员会”的奇招。

这是一个策略层面的问题，只要产品的核心技术过硬，就要敢于和时间交朋友，花该花的时间，建立市场长期而深入的认知，那么之后选择对的产品就是自然而然的事情。想通这一点后，何毅与行业人士的关系也发生了微妙的变化。“我不会唱卡拉 OK，也不打牌，更不热衷酒局，一般午饭就一个三明治加水果就够了。我没办法迎合他们传统的关系模式。但是我愿意花时间来讲解跟这个行业相关的内容，来解释我们的核心产品，不断地为他们提供优质的新技术，帮助他们建立持续的利益增长点。”一切关系以互惠共赢为目的，何毅以自己的方式，找到和行业人士建立关系的切入口，同时也建立了自己独树一帜的行业形象。

现在，这些大型眼镜连锁店的老板们与何毅已是长年的老朋友了。大家笑谈起来，会说何毅是个“不吃饭”的高管。一般在中国的市场环境下，高层们谈完商务，总会一起吃个饭，热络关系。但何毅依然沿袭法式作风，从来都是只谈事，不吃饭局。然而，谈事的时候兢兢业业，言出必行。他经常对各眼镜业的老板们说：“你们安心服务好你们的客人，我们来解决有关产品的品质、创新、迭代等所有问题。让你们没有后顾之忧。”逐渐的，何毅以其鲜明而专业的个人风格，在行业里得到一个“一哥”(“毅哥”的谐音）的美称。

回顾往事，何毅强调从来没把自己看成一个生意人，“最讨厌的事情就是讨价还价”，所以也不会用传统“生意人”的方式去迎合市场。被问到如何定位自己，他沉思片刻，字字确凿地回答：管理者。一个好的管理者，不仅把业务经营好，为企业带来利润，同时也有责任为行业建立正确的认知和行为方式，他应该是理念的传播者，也要有勇气成为行业的改革者。要经得起质疑，扛得住风浪，外在的和自我的，才能和企业共同成长。

EssiLab，第一个产学结合的专业视光基地

可以说瞿佳教授是何毅在中国开辟“视光之路”过程中遇到的最早一批的知己。虽然对于行业内存在的问题，何毅总是以一片丹诚之心、“毫不留情”地指出，同时对于他人的优秀之处，他也从不掩饰由心而发的赞赏之情。

一拍即合的理念，加上双方各自在视光界长期积累的专业性和权威性，不久之后依视路便与温州医学院携手，在学校里建立一个以依视路命名的实验室 EssiLab。依视路将自己企业生产的验光机、割边机等悉数配上，实验室专门以“青少年视光防护研究”为核心研究方向，为依视路在中国普及视光教育的培训体系埋下了漂亮的伏笔。同时，温州医学院在这个“第一”的基础上，也得以后续引进和其他不同视光品牌合作的实验室，开发一个又一个不同主题的研究。

比如依视路 2020 年即将推出青少年近视防控镜片“星趣控”，温州医学院的研究团队在镜片临床测试上做了大量的工作，为镜片上市提供了科学严谨的数据。这种类型的产学结合，一方面可以使学院里的研究更好地把握市场需求的脉搏，来为不断发展的人类社会探索新的解决方案；另一方面可以持续为行业培养、输出新鲜血液，从

专业层面保持其新陈代谢的活力。“只有当一个社会对于眼视光保护的意识和认知达到集体认同的水平，从科研、教育到消费市场全面普及渗透，眼视光行业才能显现其对于社会真正的价值。眼镜，不是小商品，它关乎人们的健康和生活质量”，何毅强调依视路作为全球前沿的视光集团，不仅在做产业，也在为社会输出价值观，以求真正地为人类服务，引领其不同阶段的发展，这是企业和做买卖根本性的区别。

因为这份责任的驱使，使得何毅日夜兼程却充满力量；也因为这份理念，使得何毅在中国开辟“视光之路”的过程中，遇见志同道合的同路人，将一个人的愿望，变成两个人的愿望，聚合为大家共同的愿望；将一个企业的力量，加乘为两家组织的力量，整合成行业集体的力量，推动视光业在中国积极、蓬勃、可持续地发展，行之有效地保护中国人民的视光健康。

[吕博士专家观察评语：引领行业培育业态创造价值]

眼镜，从人们眼中的小商品，到被更为广泛认知的规范化、专业化的健康呵护产品与服务，何毅从这里找到了改变业态的切入点。从这个入口，推进行业的发展，扩大市场的需求，创造视光健康的福祉，这既是精明的商业战略，也是执着的社会责任。

这需要有引领变革的勇气。从唤醒行业认知差距做起，从眼镜行业的从业人员素质提升做起，从建立专业化、科学化的视光标准做起。本着互惠共赢的出发点，何毅逐渐影响了眼镜行业，传播了先进的理念，提升了行业的发展水平。

有的时候，互惠共赢与独树一帜是一对有趣的组合。有理念、有勇气的变革者，总是能在坚持独创性的理念与实现广泛性的互惠之间找到发力点，这也是变革成功的诀窍之一。而能够使变革的成果得以发扬光大的长效机制，在于战略性的研发与合作伙伴关系。依视路与温州医学院携手共建的 EssiLab 开辟了其日后在华发展的产学结合模式，为眼镜行业的可持续发展以及企业创造经济价值和社会价值等多方面奠定了基础。

坚持该坚持的

一个品牌就像一个具有独立人格的人，有其理念，有其品格，有其坚持。

在谈到品牌化运营的时候，何毅出乎意料地向一个知名隐形眼镜品牌提出致意：“博士伦要比依视路更早些进入中国，个人认为它在推动中国视光行业的发展发挥了不可忽视的作用：为镜片行业树立品牌化的榜样”。1996 年，依视路刚刚开始预备进入中国市场，博士伦已经主打推出年抛和半年抛的隐形眼镜。相信大部分“70 后”、“80 后”还记得第一次在 20 世纪 90 年代的中央电视台里看到这样的画面：菁菁校园里的少男少女将沉重的玻璃眼镜抛弃，换成隐形眼镜后，露出青春四溢的笑容。可以说，博士伦作为眼镜行业的代表，为中国大众带来首次颠覆式的广告体验。人们被荧幕上那些青春女孩们阳光、清新又自信的笑容所感染，甚至触发年少时光里的第一份悸动。博士伦，将青春、美好、自由的感受与隐形眼镜做了直接的联系，可以说在中国市场上第一次为眼镜这个行业打造出一个品牌的形象，也开启了大众市场对于品牌的认知。

虽然依视路没有像博士伦那样为某个产品单独做大规模的广告，因为依视路主要为各大眼镜商们提供优质的多元镜片选择，但作为一个具有法国背景和全球化视野的专业视光品牌，依视路从开创伊始就坚持以专业化和标准化的品牌形象，出现在各个合作伙伴面前。

令何毅印象深刻的是，经过各种努力，早期的依视路刚刚开始有些稳定的业务，然而问题也接踵而来。由于中国市场环境存在一些不成文的习惯，不少采购商家提出不开发票或者拖延开票等要求。一方面是新生的合作关系，这些新客户可能成为将来长期稳定的大客户，还可能带来更多其他的眼镜商，和他们维护好关系势必重要；另一方面，依视路是一个正规的品牌企业，作为品牌就要有自己坚持的品牌精神，为整个社会传递正确的价值观。好的品牌，不仅是在做生意，更重要的是以商业帮助并推动市场和社会的良性秩序、可持续运转，以及承担企业的社会责任。这是一个其义自见的思考过程，何毅毫无疑问地选择坚持品牌精神。

可别小看“开票收款”这个环节，它在某种程度上改变了这个行业的商业模式。原来，在中国市场上，眼镜的销售大都通过店铺寄卖的形式，简而言之，眼镜生产商先把成批的眼镜送到各个店家，然后根据销售情况进行账务结算。这样的模式造成经常性的货品积压、生产管理难以把控，以及对生产商现金流造成不小的压力，有些时候这些压力甚至会变成那根“致命稻草”。并且，这样的操作方式使得眼镜行业无法真正步入现代化运营，现代商业的精髓是共赢，各个环节都要有共担风险和收益的担当和彼此的信任，才能保证整个行业长期、稳定的运营。店铺需要多少，我们就提供多少优质的镜片，双方保持诚信的态度，用正规的信用额度 + 账期管理模式和采购买断方式，供应商开具正规发票，这是一个品牌公司应当遵循的正规路径，也是为这个行业树立良好风范的契机。

在当时的情况下，怎么跟合作商们解释就是个奇巧的门道了。“作为一个全球化运营的品牌集团，中国地区运营的每个步骤，都需要和整个品牌的操作步骤保持一致”，何毅以一种商人间都能听得懂的方式与对方解释，“我们已经提供了符合贵方要求的货品，从操作上来看就是资产转移，那我必须要收账并开具正规的发票，向集团汇报这部分资产的去向。其实也是在这个透明化管理的集团里，让大家知道又有怎样一个优秀的中国眼镜商选择了依视路，和我们一起，让‘人人看世界更美好’。”因为对品牌精神的深度理解和坚持，加上交涉的艺术，慢慢地，行业内都了解了依视路规范标准的运作方式，很少再发生不开发票的情况。

当然，理想状态是，这样的改变，不仅针对依视路，而是在行业内逐渐成为共识。

[吕博士专家观察评语：创业篇带给我们的思考]

• 作为一家卓越的百年老店，依视路有着“社会使命驱动商业战略”的基因和企业文化。这对其商业上获得长久性成功至关重要。

• 根植于本地市场，将企业使命与当地社会需求有机地结合，深耕细作，一定会有卓越的收获。在此期间，扩大认知，形成认同，建立信任，是企业与客户及合作方、企业与行业和市场形成良好互动的必由之路。

• 正确认知经营中的区域化差别，以变革的理念和勇气，引领相对落后区域中的行业进步，能够为企业发展带来巨大的成长空间，为行业的可持续发展提升到新的水平，从而在促进行业可持续发展、满足日益增长的高质量需求、创造经济、社会多重效益之间找到最佳的立足点。

成长篇

采访孙余沛先生：战略决定制高点

孙余沛是依视路集团的现任董事长，他的职业生涯和依视路紧密相伴，可以说是个地地道道的依视路人。在掌管依视路集团之前，他长年主管依视路北美地区，虽然是个法国人，由于多年的环境浸染，身上具有明显的“美式风格”。

在与他见面之前，已听说不少轶事，有一则令人印象深刻。当年何毅刚被总部选定为中国地区总裁，需要去依视路分布在全球各地的分公司考察、交流和学习。来到加拿大，见到的CEO就是孙余沛先生。他热情洋溢地为何毅介绍公司的分布、不同的部门，当来到仓库的时候，何毅发现一个奇怪的现象：除了依视路的产品，仓库里也有竞争伙伴比如苏拿、尼康的产品。见何毅一脸疑惑，孙余沛坦然地解释，能做生意的就要做！当我们的部分产品满足不了一定的客户群，而我又能够销售竞争伙伴的产品，满足客户的不同需求，以此稳定并发展与客户的长期关系，又能增加收入，why not？（为什么不呢？）一般情况下，同一行业内，竞争伙伴间不是争得“你死我活”，就是“井水不犯河水”那样互相提防，能这样一切以消费者需求为北极星，博采众长又不失商业利益的做法，不得不令人感叹孙余沛先生的商业奇思。

目前，孙余沛先生主要以新加坡为办公基地，几乎每月都会多次往返中国，中国市场的重要性可见一斑。与他的对话，在2019年5月中国员工持股会（Valoptec）大会后，见缝插针地进行。孙余沛先生开门见山，用几个关键时间点，划出依视路在中国的发展脉络的关键里程碑：

“1995年，集团总部商量后做了重要的决策，将当时设立在香港的中国地区总部搬到中国内地，并且将中国市场独立出来，作为一个单独的市场大区来运作。因为我们都明确地意识到中国市场的潜力是无穷的，将成为整个世界经济的重点地区。作好这个决定后，我们开始为中国大区市场物色匹配的高管，也就有了后来何毅加入的故事。

早期创始阶段是令人兴奋的也很不容易的，要知道当年中国市场处于初始的启蒙阶段，一切都有待开发和摸索，当然也充满可能性。从长远发展的角度出发，集团研究下来决定逆流而上，往品牌方向去建设，不急于用低价买市场，而是以高端优质产品的形象建立依视路在中国的制高点。这也是为什么我们极其看重何毅曾经在达能集团工作的市场营销方面的有力背景。何毅为依视路在中国的整体形象、合作伙伴关系的建立、市场宣传等都建立非常扎实的基础。

2005年，可以说前十年我们深耕于依视路在中国市场的品牌建立，相应找到各个合作伙伴，构建长期合作的关系。应该说，我们成功地树立起依视路作为优质的、专业的、具有国际化背景的镜片生产商的形象。从2005年开始，我来上海的次数越来越频繁，也意识到是时候走向梯级中低市场了。时机成熟，就该当机立断。我们沿用依视路在全球范围内的通用做法，通过并购的方式，贯彻‘多渠道、多品牌’的战略，快速又行之有效地扩大市场份额、扩大客群基数。为此，我们专门成立了一个并购小组，有的放矢地来操作，这也就是意义重大的丹阳项目（后有专门章节介绍）。从此，我们不仅占有制高点，同样也能以性价比的优势拥抱更多消费者。

2010年，我开始住在新加坡，以便时刻与亚太市场保持紧密联系。这一年，我们将工作的重点定在：建立使命。这就是我们今天的口号：改善视力，改善生活。

使命，就像一面旗帜，让所有人看到我们前进的方向，令我们消费者理解我们努力的意义，同样重要的是凝聚起每一个依视路人，以使命为驱动，让大家深刻感知到这份‘光明’的工作所能带来的社会价值，从而持续保持热情。在这个企业使命的引领下，中国团队的目标就更加清晰了：我们要保护并改善全中国人民的视光健康。在这样无形又强大的企业文化力量的作用之下，方方面面的工作者们都有了聚合的方向，产生聚合的力量，包括合作伙伴们；同时，也可在新的时代大潮下吸引更多具有同样视野的优秀合作伙伴。

几年前，我们又进一步将依视路集团基因里非常重要的员工持股会（Valoptec）引入中国，让员工以‘家庭成员’的身份拥有公司的股份，还可以对公司管理层的决策进行投票，真正意义上成为公司的主人。这些举措形成有效的激励和动力，鼓舞依视路由内而外地、健康又快速地成长。”

被问到二十多年来，依视路在中国市场发展中，令他个人记忆深刻的两个故事，孙余沛先生分享的故事一个发生在法国南方，另一个则发生在中国成都。

丹阳伙伴在法国

“丹阳项目可以说是中国市场开拓中一个重要的里程碑。前期和丹阳政府的沟通上，我们花了很大功夫。要知道一家海外品牌想要进入中国地方性企业可不是那么容易的，大部分人首先会认为这是‘大鱼吃小鱼’，外国品牌来消灭地方民营经济。这样的想法，以不了解事情真相的外围人士来看，也是可以理解的。所以，我们必须要付出百分之二百的真诚，以及实事求是的态度来和政府沟通，令政府理解依视路的使命，我们要和他们一起守护中国人民的视觉健康，这里没有‘大或小’的力量抗衡，而是不同业务形式、不同业务模式之间的整合，我们可以分享积累至今相对更成熟的专业化工艺、管理系统、国际化运作的经验等等，来助力丹阳的民营镜片厂；而他们可以帮助我们更好地触达更多不同阶层的中国消费者，以实现我们共同的目标：为所有中国人民视光健康而服务。”

一旦理解的沟壑被填平，后面的事情就顺畅得多。在孙余沛先生为依视路常年驻外打拼的生涯里，那段带着丹阳的合作伙伴回到他的故土南法参观的时光，成为记忆里一抹温柔的亮色，闪烁着地中海明净的阳光。“我带着丹阳项目的企业领导，还有他们的家属，参观了依视路的厂房，以及各个不同的部门，向他们介绍我们的技术和研发。中法双方的工作人员交流非常踊跃，既有与老朋友共享美好时光那样的快乐，也有如一家人般为所取得的成就共同祝贺、深感骄傲。”孙余沛回忆起来眼里似乎闪现着地中海好天气那般的明媚。

一家中国成都的眼镜店

“我去过世界上那么多地方，还真是第一次看到这样奇特的眼镜店。”孙余沛先生下面的描述令人兴趣盎然，“这是一家有六层楼的老式建筑，在成都的一条老街上。有意思的是，从一层到六层所出售的眼镜，价格随楼层而递增，比如说底楼可以看到各种六十多元的眼镜，到二楼就是二三百的价位，而到最高一层的时候，店主如怜珍宝般捧出一副精心包装的眼镜，从镜架到镜框都镶满璀璨的珠宝，而它的标价是 250 万元人民币！我从没在世界任何地方见到过这样昂贵的眼镜”。这幕场景

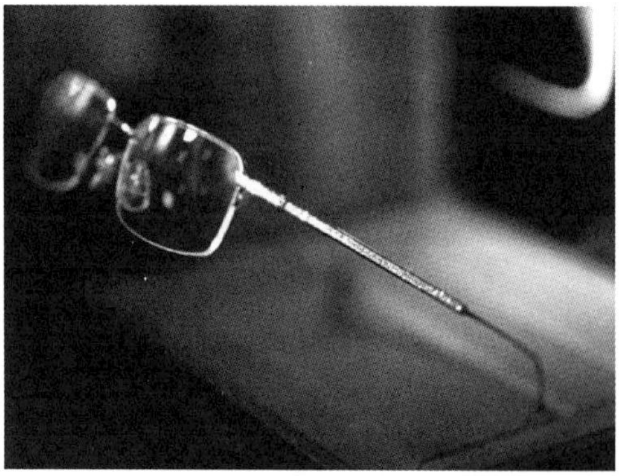

图为孙余沛先生提到的那副标价 250 万元的眼镜

令孙余沛先生深刻地意识到中国市场有多大的潜力，同时也应了解这个庞大市场里不同的定位分层。

巨大的市场基数无疑是企业成长的强大发动机，然而怎么来理解这个庞杂的市场，尤其是让消费者真正理解品牌及其产品所要传达的理念，是一个长期的挑战，并非一蹴而就的事情。因此，被问到迄今为止在中国所遇到的最大的困难时，孙余沛先生沉默了足足10秒钟，然后一字一顿地说道："如何持续地让大众认识到视觉健康重要性。"然后，他非常熟练地举出实例，比方说，九十年代、哪怕零零年代，依然有大部分人会觉得有近视眼的人，如果戴了眼镜，度数会越戴越深；哪怕是当今时代，不少人依然缺乏对于视觉健康的保护意识，很多人可能要到视力严重影响生活的时候才会认真地去验光、检查和配镜。这是一个依然在持续的挑战，也是所有依视路人孜孜不倦奋斗的目标所在。所以，二十多年来，在大家集体的努力下，依视路在中国建立专门的培训体系和培训院校、与专业眼科医院建立稳定合作关系、面向大众举行教育活动，以及持之以恒地展开公益普及活动。"这是一个持续的挑战，而一切才刚刚开始。"

一个成功的企业，就像一个体格和人格双健全的人，要走得远必须要锻炼各个躯干分支，同时也锻炼精神意志。在此基础上，作为一个强健的组织，尤其要有一个清晰明确的大脑来控制。可以看到，战略布局是依视路在中国行走稳健的核心，而"改善视力，改善生活"的强使命将每个依视路人紧紧凝聚到一起，以"保护中国所有人的视光健康"为方向，自上而下，行之有效地推进、落实来自总部大脑的战略规划，以众志成城之力将依视路的发展推向一个又一个制高点。

丹阳故事和鱼缸

要了解依视路在中国的成长，与丹阳合作伙伴的故事是一个具有重要意义的里程碑。如果说开创的前十年奠定了依视路品牌在中国市场的专业性和高品质的地位，那么，在丹阳并购本土镜片生产商的举措，使依视路的发展实现了市场规模化的飞跃。并购，某种程度上是用资本换取获得更大市场份额的时间和空间。品牌自身发展加并购的模式，是其在世界范围内迅速成为巨头的密钥。

“自身发展和并购两条腿并行”，这是集团前董事长兼CEO冯达磊先生对于依视路发展战略精辟的概述，被一脉相承地贯穿到整个集团的多年运营发展之中。依视路在中国开辟的“视光之路”，对于整个集团来说，重大意义在于成为“集团在21世纪的接力棒”。何毅对集团的战略了然于心，气贯如流地说道：“这个目标主要分拆为两项重点：（1）打造依视路的世界工厂。也就是说，依视路在中国的工厂会成为依视路全球几百家公司的主要供应基地，提供合格的产品及服务；（2）开拓中国本身巨大的市场潜力。”虽然在开创阶段，何毅主要以打稳高端市场的地基为工作重心，但他自己，以及整个集团总部从来就没有忽略更大更广阔的中低端市场。所以，发展到了一定阶段，必须采用并购方式来加快产能提升、拓宽生产品类以提高相应的市场的占有率。

“根据波士顿咨询公司统计，在全球范围内，企业收购案例中，真正合并成功的概率大概占 24% 左右，而在依视路集团内，合并成功的概率高达 90% 以上”，何毅不无骄傲地介绍。在这样一个优异的数字下，必然引人发问：这是如何做到的呢？

找到产业中心

以中国生产商的分布来看，有一个显著的特点：以区域为中心。在中国范围内，除了依视路在上海松江建立的生产工厂、苏拿在西安建设的生产工厂之外，一个大型的镜片生产集中地在整个眼镜市场快速成长的推动下悄然形成：丹阳。

这是一个位于上海和南京之间的小城，因为地理位置通北达南，以前常被用作往来过客歇脚小憩的枢纽站，与很多分布在省市间的古典小镇类似。哪怕是现在，就算在上海或者南京，跟普通市民们提到丹阳这个地方，知道的人依然不多。但只要对眼镜业稍有了解的人，无不知晓这块卧虎藏龙之地，丹阳这个名字在眼镜行业内用“如雷贯耳”来形容也不夸张。山不在高，有仙则名；水不在深，有龙则灵。对于这个江南小镇而言，此仙此龙莫过于一个特定的行业：历史原因，或者说天意使然，20 世纪 80 年代初，温州商人看上了位于南北重要枢纽位置的丹阳，开始将当地眼镜大量销往上海、南京、北京甚至海外。当时南来北往的商人都住在丹阳康乐饭店，附近自然形成了一个交易市场。政府看到这个行业机会，当机立断给予扶持，于 1986 年 10 月 20 日，建立了首个眼镜市场——华阳眼镜市场，由此种下丹阳成为中国重要的眼镜中心之一的基因。

从 1986 年到现在，30 多年的时间里，这个常住人口不到百万的城市已经成为世界最大镜片生产基地、亚洲最大眼镜产品集散地和中国眼镜生产基地。官方数据显示，当地有 5 万多人从事眼镜相关行业，年产镜架近 2 亿副，占全国总量的三分之一；年产光学镜片和玻璃镜片3亿副，占国内总量的75%，世界总量的50%。“全世界每两个人戴的眼镜中，就有一个人的镜片产自丹阳”——在当地人的口中，这已经成为丹阳眼镜的“行业佳话”。合金架、纯钛架、TR90眼镜、玻璃镜片、树脂镜片、隐形眼镜已形成系列化，产品远销东南亚、欧美、南美等地区，每年出口创汇近3亿美元。随着丹阳眼镜占有的市场份额不断上升、影响力持续扩大，2014年“丹阳眼镜”这个集体商标被注册成功，这在全国工业品中尚属首例，开了先河。同时，丹阳也是中国最大的树脂片生产地基，这是吸引依视路前往“觅宝”的重要原因。

丹阳市素有“中国眼镜之都”的美誉、“丹阳眼镜”是丹阳产业集群特征最为明显的一项传统产业，早在20世纪60年代，在上海、苏州眼镜业退休工人的技术指导下，丹阳市出现了专业眼镜生产企业，80年代初丹阳眼镜市场自发形成，为亚洲最大的眼镜集散地，经过四十年的发展、整合，“丹阳眼镜”现已形成了集设计、生产、物流、销售、品牌策划、零配一条龙式的完整产业链及社会化分工、规模化配套、上下衔接的产业体系，全市共有各类眼镜生产、加工、商贸企业近2600多家。目前，丹阳眼镜已有30多家企业通过ISO国际质量体系认证，国家眼镜产品质量监督检验中心2006年落户丹阳，使丹阳获得了眼镜产品国家、国际标准的制定权。也就是在这么多眼镜生产企业中，依视路挖掘出他们眼里的宝贝，与其中的五家成功实现合并。

本段部分内容参考《眼镜城的前世今生》

观察与等待

以其中一家万新光学有限公司为例，它的前身是丹阳第一家玻璃镜片生产厂，早期只有26名工人，以生产老花镜片为主，从1983年开始研发生产树脂镜片。“记得我们去参观的时候，由于条件关系，有些厂房的窗户还是用塑料片糊的，工人们都站着工作。当时同行的全球生产总监克劳德·布里农（Claude Brignon）先生，笑言仿佛回到了‘左拉时代’（19 世纪）”，克劳德的言语中多是对老时光的朴素怀念，而无任何戏讽的意思。

提起克劳德，何毅打开了话匣子，且言谈里充满了敬意：“我真要多说几句，因为克劳德不但是依视路高管中颇有传奇色彩的人物，还是一个在中国开发战略上发挥了重要作用的人之一。说他有传奇色彩是因为，作为一个大集团工业生产的掌门人，他是从普普通通的技工干起，一步一个脚印地走上集团生产总监的岗位，掌管全球几十家工厂和上百家车房以及供应链。他和集团其他的高管不同，没有鲜亮的学历和文凭，但他积累了在一线摸爬滚打的经历和对生产工艺了如指掌的本事。他富有魅力的领导风格赢得了依视路集团上上下下的尊重。每当我与工厂的工程师谈起他时，个个都竖起大拇指，佩服之情溢于言表。更重要的是，他赢得了董事长冯达磊的充分信任，在工业生产布局上对他是言听计从。正是因为如此，在集团决定投资中国的问题上，克劳德发挥了极大的作用。情况是这样的，1995 年依视路决定投资 5000 万美元在中国建厂，这不是一个容易的决策。因为在当时对于依视路来讲也是一笔巨资，更有争议的是，当时中国的市场不光规模小，而且大众根本不知道树脂片为何物？帮助董事长下决心的正是克劳德。他将集团在泰国和日本工厂的扩建计划停止，将中国工厂作为全球的生产基地之一，这样既解决了中国市场消化不了的矛盾，还恰逢其时地满足了当时中国政府对外商投资的出口要求，一举数得。”

“同时，克劳德本人在依视路的经历为依视路以德服人、论功行赏的文化做了极好的诠释，这样鲜活的案例远远胜于广告的作用。一个以工程技术为基因的企业对技术和工人们的尊重是发自肺腑的。比如这位全球总监克劳德先生，他本人就是技术工人出身，以学徒工的身份进入集团，稳扎稳打，以公认的工作成绩走到后来总监的位置。所以，我们不会被一些表象的情况而蒙蔽或击退，重要的是这家生产企业的生产能力、所触达的市场区间，以及发展潜力是否是优秀的，这是我们寻找合并企业的判断标准。”

法语里有句俗语：un bon chasseur est celui qui sait attendre，即“一个好的猎人懂得等待。”在众多类似的生产厂家里发现好的苗子，需要独到的眼光，但判断这棵好苗子是否能经得住市场的考验，是否有潜力成为参天大树，还需要花必要的时间进行观察和考察。依视路与万新的合并发生在2010年，距离初次考察经历了十多年，2010年万新自身的年销售额已破3亿元，企业当家人汤龙保先生业已成为中国眼镜业的领军人物。“要喜结连理的话，大家都喜欢找个漂亮的新娘子”，何毅打趣道，其实无意中也说出了依视路集团对于合并企业的选择标准。

而在合并之前的十几年间，以何毅为代表的高管们，长期和万新以及丹阳其他的眼镜生产厂家们保持联系和交流。这样经过时间洗练的交流关系，也为两者将来可能建立的合作，打下必要的信任基础。

换位思考的沟通方式

选到好的可并购企业是件可喜的事情，可到这个阶段为止，实际上还只局限于单方面一厢情愿的状态；并购这件事，复杂又有趣之处，便在于它牵涉的是双方互补性的利益，必须要“你情我愿”，双方面都能彼此说服，才能成功地推行下去。两家企业可能规模、特点、性质都不一样，各自都是一个独立运作体，两者一定要具备对彼此都能带来明显收益的互补之处，并且能达到长期获益，才有其合并的意义。就丹阳的合并项目来说，还有外加一层尤其重要的沟通环节——政府。

丹阳眼镜业，不管是发起之初，还是日益发展的整个过程，都离不开当地政府的扶持，而眼镜业也早已成为丹阳的支柱产业和对外形象标签，所以当依视路提出要并购丹阳优秀眼镜生产企业伊始，首先提出异议的便是政府。“通常来说，当人们一听到并购，脑海里出现的经常是‘大鱼吃小鱼’之类的惯性画面。加上依视路又是一个外资集团背景的企业，很容易被理解成外资公司把中国本土企业消化掉的印象”，这个时候，何毅兼具中国文化思维和法国文化背景的优势凸显出来：“必须要站在对方角度，换位思考，才能实现真正的沟通。我充分理解丹阳政府的相关疑虑，所以抱着万分的诚意跟他们一一解释。”

首先，所有并购全部采取 50%-50% 双份均等持股的合资公司形式，以确保没有谁比谁大之说，而是一种真正的合作，全心全意拿出双方优势之处，为了共同利益而共同努力。同时，在心理上也可达到一种双方都是主人翁的均衡心态，而不至于某一方丧失努力的积极性，也进一步保证创始公司在新合资公司里的权威性。“与国外不少家族企业后继无人而出现疲软的现象相反，中国改革开放后出现的优秀企业都比较年轻，开创者们具有能吃苦、敢奋斗的精神，以及对于成功的渴望”，何毅每当谈到并购项目，便流露出对民营企业家们先天具备的开创精神和血液里涌动着“狼性”的叹服，“在我眼里，中国企业家是中国宝贵的稀缺资源，是改革开放的产物，一定要保护好”。所以，尽管依视路在国际上的并购项目至少会持有 51% 的控股权，以保证对企业的控制权，在中国却做了破例，双方各 50%，目的就是保护并尊重一路开山辟疆的中国企业家们不懈的冲劲。

然后，从团队管理上，依视路为并购事项专门成立了一个项目小组，配备高资历的优秀人才，驻扎在丹阳，并整理出系统规范的合资公司发展计划。这个小组不是去“指挥”，而是去“服务”，去具体地“做实事”，以落实依视路作出的合作承诺，比如说生产技术、财务管理、市场营销、品牌运营等方面，提供更专业和系统的支持与助力。这样有礼有节的实施方式，加上开放和诚恳的态度，消解了丹阳市政府层面的疑虑。当政府看到，与依视路的合作并不会“丢失自己”，而是在原来的基础上，以更丰富的国际化资源和系统化管理，使丹阳眼镜在专业化和品牌化的道路上更上一层楼，让越来越多的人看到丹阳眼镜优秀又快速的成长，便自然没有理由说“不”了。

尊重与潜移默化

政府层面的问题化解之后，便进入到具体的企业与企业间的合作。而真正的合作前，得先有好的磨合。不少合并案例，哪怕开头都谈妥了，合资公司也成立了，却因为双方不同的企业文化或者战略思维、管理模式发生排异等情况，到后来走不下去了。

并购，这种模式在国外并不罕见。不少家族企业因为下一代不愿接班，或者种种其他原因，产生青黄不接的现象，所以并购后的管理问题相对会更好谈些，不少是直接主动交给并购公司管理的。“在中国，大部分能做到被并购程度的公司都是很了不起的。改革开放到现在也就几十年，在短短几十年间、有的甚至十几年、几年里开创一个公司，并把它做出规模，这样的公司都很年轻，本质上都具有一定的狼性。而狼性，是不能打压的，恰恰相反，要保护”，基于对中国市场的深刻思考，何毅对于中国企业和企业家们具有天然的感同身受，“我很尊重他们，他们也不会把我单纯地看成一个外资公司的高管，因为他们相信我可以理解他们”。

因为理解，所以尊重。丹阳当地不少企业主们都有温州血统。众所周知，温州地区的人们具有代代相传的商业基因，仿佛天生就带有某种“做老板”的人生目标。“这是值得尊重的”，何毅强调，“因此，在我们的合资企业里，原公司的高层依然保留原高管职位。我们要做的事情不是去指手画脚，而是把可以怎么做得更好，以实际案例的展示、以具体方案的商讨等身体力行的方式‘潜移默化’地让对方看到和理解，让他们自己做出判断，和选择”。这里的尊重并非冠冕堂皇的口头语，而是真正由心而生的尊敬和敬畏。中国改革开放后，整个市场百废待兴，而大部分中坚力量多多少少经历了时代的考验，有的甚至在那场浩劫中留下深刻的人生烙印。他们有些人没有扎实的文化基础，却不失渴望成功的向阳之心。能在这样的情况下，把企业做起来，是相当不容易的。何毅多次强调这由心而生的敬意。因为感同身受，所以他在丹阳和不少企业家都成为了朋友。大家对依视路的看法不像单纯的“外资收购”那样戒备森严，有了尊重的基础，仿佛打通一条理解的通渠，彼此的工作才能从一个互信稳定的基础展开。

这份尊重和理解同样沿袭到深入丹阳工作的每个依视路人，有了尊重的基础，才能平等对话。依视路在充分尊重本土企业文化的基础上，为新的合资企业带来更广阔的行业视野、专业研究能力和品牌管理系统等，使得并购企业如虎添翼，实现飞跃式的进展。比如，上面提到的万新公司，与依视路合资成立万新光学有限公司，面向国内、国际市场销售镜片，从代工（OEM）镜片到品牌化推广，依视路集团还将柯达镜片中国区的独家代理权交给万新，从2017年开始销售额突破10亿元。对于丹阳市政府而言，成功的合并将之前的疑虑一扫而开，每年丹阳眼镜行业的纳税大户里一半以上都来自依视路的合资企业。

对于依视路来说，除了自有的松江工厂外，在丹阳并购的6家企业，不但提高了生产能力，丰富了产品，还大大开拓了市场，拓宽了销售渠道，初步完成了集团对依视路在中国的两大战略目标：（1）打造为全球的工厂；（2）开拓中国本身巨大的市场潜力。对于合作伙伴来说，他们完成了原始积累，企业管理走上正轨，走向健康发展和可持续发展之路。

许多年过去，丹阳合资企业以一种自然的姿态，越来越深地融入依视路在中国的整体发展版图，大家协力服务于中国市场各个不同层段的消费者。犹如一位带领舰队历经风涛巨浪而收获平静一刻的舰长，何毅回顾丹阳的故事，最后颇有哲理地给出一个比喻：好的行业生态就像一个鱼缸，如果我们仔细观察，不论大鱼，还是小鱼都有其生存空间，并能在其轨道和区域里游刃有余而不撞车。依视路，并非要做捕捉小鱼的大鱼，我们其实应该成为这个鱼缸。看似云淡风轻又令人回味无穷的一句话，没有种种历练是难以道出的。

有了在丹阳并购的成功经验，依视路在中国的成长倍速提升，如攀青云。之后又相继推进战略性并购，比如以潮流镜框为主营卖点的木九十、以时尚太阳眼镜为核心业务的暴龙眼镜，以进一步拓宽服务链条，从上游生产商的角色切入C端大众消费群体的大市场，从专业镜片领域，衍生到时尚生活方式。

拾级而上，有了这些成功合并案例的经验与基础，2018年依视路与全球领先的高档光学镜架和太阳镜设计、制造和经销商陆逊梯卡（Luxottica）合并，强强联手，两者在技术、研发、供应链、创新等多方面能够优势互补，高效组合。更重要的是，两者的联姻，将能够进一步扩大品牌在整个视光行业的影响力，在市场上发出更多更大的声音。

附：2010年镇江万新光学眼镜有限公司和法国依视路集团正式签约组建江苏万新光学有限公司的专访报道文章，刊登于《中国眼镜科技杂志》2011年第2期。

必然的选择　万新依视路联姻　强势共进赢市场

记者：方　方

2010年12月18日，镇江万新光学眼镜有限公司和法国依视路集团正式签约组建江苏万新光学有限公司。双方将在镜片领域里展开深度合作，依视路以注入资本入股形式参与其中，合资公司中万新与依视路各占50%股份，汤龙保任公司董事长、总经理。合资后，原万新团队将主导合资公司的管理及运营决策，充分保证原有运作模式的稳定性，而依视路则更多的是给合资后的公司在技术与研发上提供强有力的支持，提供更先进与丰富的产品线。

万新与依视路的合作，引起了行业内的高度关注，本刊记者对江苏万新光学有限公司董事长、总经理汤龙保和法国依视路中国投资公司主席何毅进行了独家专访。

记者：万新与依视路的合作，是行业内十分关注并热议的话题，那就是万新为何选择依视路，依视路又为何选择万新，请两位老总谈谈你们的看法。

汤龙保：经过38年的努力，万新从乡镇企业发展到现在，作为本土镜片业的领跑者，虽然已有了多年品牌文化的积淀，在中国眼镜行业内已形成了一个强大的

“气场”，在镜片研发、生产及销售中均取得了不俗的业绩，从青少年近视控制镜到中青年功能性镜片再到中老年的成人多焦点镜片，市场占有率逐年提升，在产品线丰富度、疑难镜片处理能力、车房镜片生产经验上都居于国内领先地位。但还需要突破一些发展中遇到的瓶颈，万新到了“第三次革命”的时候了。选择跟依视路合作，就是为了更良好地快速发展，节约时间成本，突破技术瓶颈，在最短的时间内使生产、管理以及品牌都上升到更高的层面。因为依视路作为全球眼镜制造业巨子，其技术、品质、管理和运营等方面的优势，在国际市场上均处于领先地位，万新选择依视路是发展的需要，是必然的选择。

何毅：依视路选择与万新合作是市场的需要。作为投资方，首先要考虑的是风险，通过考察与评估，我们认为与万新合作成功几率最大。万新作为中国镜片领域的龙头企业和中国镜片的第一品牌，其生产硬件、生产规模和品牌影响力都处于领先的地位，具有良好的合作基础。此外，依视路与万新的合作，不仅仅是这两个企业之间都能受益的双赢合作，还希望以双方的合作带动多方合作，以多方合作深化双方合作，产生积极的示范效应，从而推动整个中国眼镜行业的发展，是共赢、多赢的合作。

记者：中外合作，免不了诸多方面会存在磨合的问题，有人担心万新会不会在碰撞中逐渐丧失自我，对此，你们如何看？

何毅：有这种担心是可以理解的，甚至还有传言说依视路要吃掉万新。但我要强调的是这些都不是事实。首先，新组建的江苏万新光学有限公司的董事长和总经理都是汤龙保先生，原万新团队将主导合资公司的管理和运营，以确保其原有的运作模式的稳定性，而依视路更多的是在决策和技术与研发上给合资公司以强有力的支持，提供更先进和更丰富的产品线。其次，“吃掉说”与依视路的企业文化理念不符，依视路集团不是一艘航空母舰，而是一幅印象派的画，印象派的画是由一个一个的点构成的，每个点可以大些、小些或亮些、暗些，但每个点都不能有污点。依视路看重的是要让每一个点都独立，独自发光。更何况，我们还要一起努力，更好地打造万新品牌。

汤龙保：事实上，在国内这种成功合作的案例并不鲜见，比如中国一汽与德国大众的合作，青岛啤酒与安海斯·布希公司联合，都是为了突破技术瓶颈、定位瓶颈，而选择了一条使自己迅速提升的捷径。万新与依视路的合作，也是基于这样的考虑，不存在什么丧不丧失自我的问题。

记者：合资公司将如何定位？发展前景和目标是什么？

汤龙保：我们的市场定位与目标设定都很清楚，就是要借助依视路的技术优势和运营经验，调整产品结构，突破同质化不良竞争，彰显产品特色，不断满足和适应物质文明生活的发展需求和变化，不仅要让万新产品在国内市场具有更强的市场号召力，还要在国际市场上逐渐增强其影响力。我们的未来目标是“三年翻一番，五年乘以三”。

何毅：放眼全球，据不完全统计，目前尚有 24 亿人需要佩戴眼镜，而其中中端产品消费量的增长是高端产品的 5 倍左右，其市场容量十分巨大。目前在中端镜片市场还没有一个公认的领军产品，万新将定位于努力打造成中端镜片市场的领军产品，争取拿到越来越多的市场份额。中国是眼镜生产世界工厂，如何打造世界品牌，是我们待解的命题，也是我们的责任和使命。

记者：万新与依视路合作的影响与意义，当然决不仅仅局限于当事者的两家公司，请问对中国眼镜行业而言，有何影响与意义？

何毅：作为“世界工厂”的中国制造业，要提高产品附加值，在全球化的供应链的中间环节获取更大利润，就必须适时推进品牌战略。我们的品牌既要是民族的，更要是世界的。相对于民族性和地域性较强的行业，比如一些食品类商品，从理论上说，眼镜行业的民族品牌走向世界相对容易一些，因为眼镜产品具有更多的共性，更深厚的世界消费群体根基，质高价优的眼镜产品可以在世界各个市场上通行无阻，而眼镜品牌更是无国界的。目前，许多中国眼镜企业都具有了一定的规模，但如何提高产品的附加值，突破增长瓶颈，却是一个困扰他们的难题。万新与依视路合作，从根本上说就是要解决这一难题。强大是强字为先，何谓强？其中一个重要考核指标就是赢利增长应与销售增长同步。而实现这样的可持续增长，就需要先进的技术、管理和运营作支撑和保障。万新作为中国驰名商标，可谓是中国眼镜行业中做得有声有色的民族品牌。而依视路将会在接下来的合作中尽己所能，帮助万新走向世界，将万新塑造成国际品牌。

汤龙保：中国是一个眼镜生产大国，却不是眼镜品牌强国，如何更上一层楼，打造出自己的品牌，使之有强大的生命力，是我们这一代人们的责任和使命。虽然现在有不少企业在打造品牌方面迈出了可喜的一步，但由于起点低、家底薄，而打造品牌是一项综合性的长期工程，所以还是路漫漫兮。我们希望通过与依视路的合作，将万新打造成一个世界品牌，并希望我们的探索，能为更多的企业打造品牌提供可资借鉴的经验。

记者："十二五"规划中明确提出，科技就是生产力，对此你们是如何理解的呢？

汤龙保：可以说万新与依视路的合作，就是对"科技就是生产力"的最好理解。19 世纪末，日本"明治维新"就是学习和借用了西方列强的先进理念和先进工业技术，使日本在很短的时间内迅速崛起。同样，我们现在若只讲艰苦奋斗和埋头苦干是远远不够的，万新和依视路合作，就是希望借助依视路先进的科技水平"率先突出重围"。就镜片的核心技术而言，目前都掌握在国外少数光学公司手中，要想将先进的科技转化为生产力，选择与他们合作是最佳的途径，这也符合中央的最新精神。在今后的岁月里，谁能创新，谁就占领了市场的制高点；谁的产品科技含量高，谁就会走得更远，到达辉煌的彼岸。

何毅："十二五"规划中明确提出要走创新之路。今后 10 年是创新的时代，是大兴科技的时代，科学—技术—生产已融为统一的体系，构成不可分割的链条，纯劳动密集型生产方式，低科技含量的产品，终将会被市场淘汰。依视路与万新的合作本身对于本行业来说就是一种创新，而不断创新，也是本次合作的主旋律。过去

30 年，万新一路风雨，艰苦创业，随中国眼镜行业一起发展，形成了一定的规模；今后 10 年，依视路将与万新携手共进，锐意创新，取得更大的辉煌。

记者：在此，预祝你们的合作取得良好的开端，并有美好的未来。

何毅：谢谢！

汤龙保：谢谢！我们一定不辜负行业的厚望，发扬当年创业的精神，一步一个脚印，走出新路，把万新做大做强，打造成世界品牌；和依视路的合作，一定会结出硕果，一定会推动和提升我们行业健康发展，完成历史赋予我们的使命。

图为汤龙保（左）和何毅（右） 摄影：张跃

丹阳探索记

现任松江工厂厂长的石峰，在2016年来到松江担任厂长之前的5年，是在丹阳度过的。对他而言，那是一次真正意义上的Adventure（冒险和开拓），在一片他完全陌生的领地，却得到了职业生涯中里程碑式的成长经历。

对于专业工程师出身的石峰，科研给了他探索世界的能力、思维，以及耐得住时间考验这些重要的素质。他说："当我知道我具备做科研的基础能力和素质后，我希望做更广阔的探索，能让自己经历更多的挑战。"在依视路这个充满多元可能、并相对人性化的集体里，石峰由科研一步步往管理上追寻与摸索。当得知丹阳这个机会的时候，起初他犹豫了一下，主要出于生活上的考虑，毕竟出于生活习惯以及孩子上学等问题，妻儿无法随同；但仔细再斟酌一下，这是一个能让自己真正接触并理解管理工作的重要机会，也是相当大的挑战，这样一想就没有第二下的犹豫了。

作为集团特派的驻地团队，石峰的主要任务是为5家合并后的公司提供与生产系统相关的技术支持，同时带去依视路作为国际集团的先进管理体系。总部跟他千叮万嘱："我们不是去控制，而是去助力，需要时间来潜移默化地影响。"潜移默化地影响，可以说是石峰在5年间得到的最大收获。“管理是最难的，因为它不像工程数据明晰可见。这是无形的Influence（影响）的力量”，回顾丹阳岁月，石峰厂长的言语里充满感悟。

这五年包含了无比充实的经历和故事，令石峰记忆犹新的莫过于一段如何获得财务数据的历程。“财务数据是衡量一家企业的晴雨表，也是管理工作最基本的出发点，所以刚到丹阳的时候我就以常规大企业的思维，直愣愣地问合资公司要财报看”，言谈间犹如打开时间的大门，石峰厂长仿佛看到当年那个耿直又稍欠老到的自己，露出成长后深有体会的笑容。

要知道丹阳合并企业的企业主们，个个都是赤手空拳在市场大潮里打下自己的一片天下，如前文何毅所言，在他们身上与生俱来带有一种“狼性”，这使得他们可以在恶劣的环境下顽强生存、独辟蹊径，同时也容易产生一人独大、唯我独尊的独断性。面对石峰这样不由分说就要看财报的要求，结果可想而知：什么都要不到。“我们要保护这种可贵的‘狼性’，才能保留住这些企业原本的积极性。同时，以更现代化的方式来辅助他们，怎么令他们接受这个方式就需要慢慢地去影响”，何毅早在项目伊始便提出这个观念，然而观念是观念，必须要经过亲身体验才能真正理解并从思想到行动上产生转化。

碰到硬钉子后的石峰，一开始感受到巨大的挫败感，“那阵子真是不好受啊”，在国际化大集团规范运作的流程里顺风顺水的他，还是第一次碰到被直接拒绝的情况，“后来，索性先放下这些需求”。石峰后来回望的时候才意识到，这些所谓的“挫败”才是尤其值得珍惜的经验，为他今后的管理之路奠定下极其宝贵的基础，那就是“对人性的深入理解，和建立互信的重要性”。

拿出当年搞科研的钻劲和耐心，石峰琢磨起跟丹阳公司的同事们有效沟通的方式。人非机器，当放下那些自己预设的要求，安下心来和当地的人们以朴素的方式交谈，以平等的方式来交朋友，甚至聊家常，“你会发现他们都是很性情和真实的人”。当你向他们敞开的时候，他们也正向你张开怀抱。一旦对方认可了这个人，信任的纽带才真正建立，这才是真正的“关系”。它需要真诚、需要等待，“互信”是建立优质的长期合作最可靠的根基，必须花时间去扎根、养成，然而只要建立起来，它所能发挥的能量无法估量。

在丹阳的前两年，石峰基本上处于一种全面自我翻新的状态，让丹阳的同仁们感受到这个来自国际大集团的高管其实和他们一样也有喜怒哀乐，对待工作也一样用尽体力、脑力、和心力，彼此在心理上更加贴近。再后来，一切逐渐变得水到渠成，大家瞄准共同的目标和利益方向，来做调整、升级和各项工作的契合操作。从驻丹阳的第三年开始，石峰成为一家合并公司的常务副总裁，成为真正意义上依视路集团和丹阳合资企业的枢纽，使两者的合并从业务形态到企业生态上做到有机的整合，而非生硬的“组装”，以便减少不必要的内耗和阻力，从而实现合并的利益最大化。

哪怕是现在，石峰厂长已经回到上海，驻扎松江厂区，之前在丹阳建立下的纽带关系依然大有帮助。有了互信的基础，大家分工明确、各司其职，松江工厂的树脂片生产部分由丹阳工厂承接了，而松江工厂不断更新的工艺与新品创新也会时时与丹阳同步接轨。在丹阳的经历，对石峰，甚至依视路集团都可以称得上是一次探险，探险绝对不是盲目行动，而是经过缜密思考、理性分析后的大胆尝试，是对更高目标的攀登，也是对硬件和软件的综合考验，虽然有风险，但若成功，回报有目共睹。

[吕博士专家观察评语：创造共享价值促进当地合作的成功]

在成功地树立起依视路作为优质的、专业的、具有国际化背景的镜片生产商的形象的同时，建立企业的合作伙伴生态，是长期耕耘本地市场、提升产品和品牌竞争力的必要措施。并购是第一步，培育合作伙伴向着更高水平提升，则是企业战略的长期努力方向。

作为该重大举措的第一步，丹阳项目的成功，为依视路在华成长打开了通途。

在眼镜行业的并购，对行业会造成冲击，不同业务形式、不同业务模式之间的整合不可避免。依视路耐心地与中方各个利益相关方进行沟通，将助力于中国人民的视力健康，提升中国眼镜行业专业化工艺、管理系统、国际化运作的水平，触达更多不同阶层的中国消费者，作为共同的价值目标，成功地将冲击转化为发展的动力。

与此同时，在依视路内部，企业的使命，即“改善视力，改善生活”与“保护中国所有人的视光健康”融合在一起，让依视路的成长有了制高点，也让依视路和中国的合作伙伴建立起了相互信赖的良好关系。

依视路的自有工厂（松江）加上在丹阳并购的6家企业形成的运营格局，提高了生产能力，丰富了产品，开拓了市场，拓宽了销售渠道，也为中国制造的产品、中国本地企业塑造成国际品牌贡献了积极的力量。这一经验，值得许多外资企业借鉴。

用爱，打造每一个环节

从依视路在中国整个市场营销层面来看，2003 年是个重要的阶梯，这一年，陈路怡女士加入公司。

"黑色蕾丝印花上衣、红色边框眼镜、一头利落的短发，一如白色茉莉花的温婉，但你丝毫不能忽略的，是她的干练与豁达"，《成都晚报》的记者曾在一篇采访中这样形容陈路怡。在进入依视路之前，她曾在多家跨国公司担任销售总监。2003 年 11 月，她来到依视路后，时任全国销售及市场总监，挑起整合营销团队的担子。成熟的商业经验，加上女性管理者刚柔并济的天然优势，使其很快在产品管理、市场沟通、专业培训、营销领域等方面建立起独树一帜的风格和威望，带领依视路连续多年每年保持 20% 以上的销售增长。

而这可观的增长背后，蕴含了太多的不易，市场的反应坚定了陈路怡对品牌价值观的认同，和人性化的管理理念：唯有带着真正的关爱，细心精致打造品牌的每一个环节，才会最终令品牌得到市场的支持和长久的信赖。因为这份信念的驱动，她带领团队行之有效地深入到市场销售的方方面面。有两个重要举措至今为大家津津乐道。

代理商的定位

在整个业务的开创阶段，何毅先把主动权从独立代理商手里拿回来，是开展品牌化运营必须迈出的第一步，但这个举措并不是说与代理商们从此恩断义绝。要知道他们可是中国市场上第一批最早认识依视路，并向销售渠道做推广的人。如何定位并建立好后续和代理商们可持续发展的关系，将会大大帮助依视路更快速和有效地进入各个城市和梯级市场。

“代理商不光是帮我们卖货，他们其实是我们销售队伍的延伸”，进入成熟的发展期，陈路怡尤其重视品牌和代理商之间的连生关系，某种程度上代理商和品牌就是一家人，应该互相关爱。在她看来，代理商的规划，就是不同市场区域的规划。单兵散打是行不通的，必须有体系地将各区业务规划纳入整体策略中，保持透明沟通，信息共享，使代理商的业务和集团业务方向一致。因此，一套专门的代理商管理系统 Distribution Management System（DMS）应运而生，这在中国整个视光行业都是比较领先的。

爱是陪伴，也是培养。从这个方向出发，陈路怡带领团队对代理商队伍展开针对性的建设：专业的培训架构和内容，涵盖产品培训、销售技能训练、管理咨询，层层递进，最后形成一个综合性的，对于商店运营能带来整体提升效果的整合培训体系，该体系经过不断打磨，已逐渐成为一个非常全面的培训教育体系。另外，依视路与天津眼科医院合办的万里路视光培训学院，在视光专业化学习上也给到了强有力的支撑。

将心比心感知 C 端大众消费群体

如果说商场似战场，那么换一个角度看，商场也是人情场。

合作方之间，一旦把各方利益关系梳理清晰，本着共赢的角度出发，那么各自的分散力量将转化为合力，推进事情的发展。一样的，品牌和消费者之间也是基于一种相互认可、信任的关系。而如何将这环环相扣的人情关系建立扎实、梳理清晰、凝聚起来，并转化成聚合的能量，恰是市场营销中隐形的功夫。

比方说，夏天的时候陈路怡会专门来到成都地区，不仅因为这是依视路最重要的市场之一，还因为夏季紫外线强烈，深处内陆高原以及山地地区，紫外线引起的白内障发病率会骤升。作为西南地区的重要门户，成都在依视路全国版图上一直有着重要的战略地位，她要及时地与这些重要合作伙伴们商讨，为西南高山地区人民所想，在夏天来临时做出及时调整和安排。成都精益、宝岛、华西医学等，这些年销售过亿元的眼镜店，形成的集合效应就像为成都眼镜行业扬起的旗帜，和他们共同为西南地区人民提供切实的护眼设备、方案，包括及早向大家普及眼睛保护的知识，那么就能从源头上提升人们爱眼护眼的能力。宣传爱眼护眼，就是要引起消费者的关注，让他们意识到爱眼护眼的重要性。这样根据不同地区特点，想人所想，令消费者包括合作伙伴都能真切感受到一个品牌由心而发，想为社会带去助益的发心，自然也令人更愿意信赖它。

因为关爱，所以会对地区人民由于特殊地理条件可能造成的视力问题带去由衷的关心、扶持、意识的普及，这些实际行动体现了一个品牌从专业角度为社会作出应尽的责任；而从人本角度，结合当地生活习惯，由真实的生活体验出发，为大家带来与生活息息相关的，甚至出乎想象的优质生活体验，是另一种形式的关爱，一种消除品牌和人之间的距离，以人与人的共性出发的平等之爱。比如说，在成都的时候，陈路怡也特别向当地眼镜商们推出依视路首款高性能持久型防雾镜片Optifog ™。“在成都，绝对不能不吃火锅。可是戴上眼镜吃火锅，一层层的雾气氤氲缭绕着飘上来，顿时锅里是什么都看不清楚了。”陈路怡女士说起自己在成都吃火锅时遇到的烦恼，“但是戴上依视路防雾镜片，吃火锅的时候什么烦恼都没有啦！”这样真实的描述令身边的“老成都”们都欢乐地笑起来，对地域文化真实又接地气的体验，带来与消费者同频的感受，又有谁还会拒绝这样能切实解决生活中小阻碍的创新镜片呢？

同样的，这种由心而发的关爱渗透入产品研发、市场推广的每一个环节，大家工作的出发点首先不是占有多少市场份额，而是为多少人、怎样的人群、解决怎样具体存在的问题。于是就有了依视路的抗疲劳镜片，专门对于针对都市白领人群面临的长时间使用电脑而导致的视疲劳问题推出，运用先进的依视路专利技术，在佩戴者无需改变原有使用习惯的前提下，提供了优化的视觉矫正并且提升了舒适度，远离视疲劳症状；也有了依视路非常著名的“好孩子”系列，针对中国相对高压的学习环境下，中国孩子们近视高发的问题。身为拥有一个可爱女儿的母亲，没有比陈路怡更能感同身受中国家长们对于减缓自己孩子近视发展的迫切心愿。

不少镜片商只用一个产品来解决全部的近视问题，而依视路经过研究后发现，其实小孩的近视分为内隐斜及隐斜正常和外隐斜，根据不一样的隐斜应该有不一样的镜片。因此，依视路首先研制了好学生适配仪，然后在做市场推广的时候，陈路怡带领团队制定出为每个孩子单独实行的专项验光测试，让孩子在配镜前检测究竟是内隐斜还是外隐斜，如果是内隐斜则推荐使用依视路绿宝贝，外隐斜则推荐使用依视路红宝贝，有的放矢地根据每一个孩子的特点精心配制。

近年来，随着中国青少年近视发病率的升高，提供全方位的近视矫正和近视减缓解决方案成了视光中心和眼科医院的诉求，也是广大家长们和孩子们的渴望。2016 年，陈路怡在管理层的支持下，开始布局近视管理完整解决方案的策略，同时，公司得到了美国 Paragon CRT 角膜塑形镜的中国地区独家长期代理权，这又让人们对于依视路镜片有了耳目一新的感觉。因为这个产品的性质是三类医疗器械，陈路怡在建立近视管理团队的初始就提出了十六字方针：教育先行，安全第一，规范准入，精准验配。医疗器械类的产品更是注重安全性和有效性，一个好的产品要充分体现这两点，全方位的教育培训至关重要。2018 年，近视管理团队更是和中华医学会眼科学分会视光学组的专家们和国际上的顶尖专家紧密合作，推出了业内第一部

《近视管理白皮书》，以准确的定义、规范的流程和客观完整的解决方案为视光中心、配镜中心提供参考。

在陈路怡的领导下，依视路品牌连续多年获得《中国眼镜》年度风云榜最具影响力品牌的奖项。她本人则在2008年1月被任命为上海依视路光学有限公司首席运营官。陈路怡相信，她在依视路工作的一切动力均来自对依视路品牌、对消费者的爱，大爱无疆，这种爱的力量，足以超越一切挑战，实现无尽美好的可能。这份无疆之爱由内而外，从组织内到组织外，以“润物细无声”的方式滋润、感染每一个环节和每一个人。对内部团队成员，首先自己尽心尽责来身体力行，然后与大家都如兄弟姐妹般相待：“做得不好的时候，肯定会有批评，但是做得好的时候，会大大地给予表扬，这样才能让团队成员更有信心。”

对于外部的话，每个消费者要将心比心地对待，这份爱不仅体现在市场营销活动里的每一个环节，更集中体现在陈路怡对视光教育工作的重视。交流末尾，她把重点落在依视路从未间断的教育培训工作。教育，是从源头上为人类造福祉，不管在哪个行业都一样。依视路于2005年和天津眼科医院联合创办了天津万里路视光培训学校，主要开展验光、配镜等各个等级的培训及考评鉴定，同时提供各类眼镜验配技术和营销管理课程等的培训，为眼镜行业的从事人员提供视光终身继续教育，成为行业内视光培训方面的“黄埔军校”。“依视路希望与合作伙伴紧密配合，一起做好对消费者的教育工作。如果是这样的话，他们通过镜片看出去的世界也会更美好。”陈路怡推了下红框眼镜，露出自信而优美的微笑。

这样方方面面、从内而外，全方位大投入式的工作，势必会令人想到个人工作与生活的平衡问题。关于这个话题，一方面，陈路怡感谢家人的支持，并尤其说到珍惜和女儿在一起的时光，不以数量而是质量来论。比如，母女俩会珍惜难得相聚的机会，一起做运动：跑步、打羽毛球等等。能量是循环的，生活中家庭成员间的爱与活力也为她的工作注入绵绵不断的力量。但她不忘补充道：依视路的精神，就是从不计较眼前的些许得失，正如人生一样，你需要相信未来，只要坚持正确的方向，所有的付出和等待终将得到回报。而这，也许正是依视路在中国高速、健康成长的真正秘诀吧。

品牌就像一个生命，它会遇到风雨，也会见到阳光；会交朋友，也会遇到危险，而只有不断倾注的爱与用心投入，才能保证其笑面一切、茁壮成长。就这样，在依视路人的集体努力下，2009 年 4 月，国家工商总局商标局、商标评审委员会公布了最新一批“中国驰名商标”名单，全球知名镜片品牌“依视路”榜上有名。这是法国依视路及其在华企业（上海依视路光学有限公司）在中国市场获得的又一殊荣。

[吕博士专家观察评语：专业化运营体系与人性化管理理念的结合]

陈路怡在销售方面的两项实践，一是将代理商看作是依视路销售队伍的延伸，二是将消费者的体验看作是实现依视路社会责任的场景，从供应端和消费端建立起了互惠共赢、优质普惠的平台。一方面对代理商队伍的转型和提升投入专业性建设的资源（培训、咨询、体系建设）；另一方面深入消费者所在的不同地区（如深处内陆高原、夏季紫外线强烈、白内障发病率骤升的西南地区），体察与他们生活息息相关的实际需求，让依视路的产品带给他们最佳的健康体验。

这样的做法本身，即是依视路践行企业社会责任的独特方式，专业而充满了关爱。真诚的付出，一定会带来回报，这正是依视路在中国高速、健康成长的秘诀。

创新，是永远跳动的心脏

一块小小的依视路镜片看似不起眼，其实方寸之间蕴含着无法想象的高科技。用依视路首席运营官陈路怡女士的话说："眼镜行业是一个技术层面很高的行业，将光学、材料学、化学、视生理学等多重学科植入一块小小的镜片，通过视觉神经直接传输到大脑，是个非常复杂庞大的系统。"

从1995年在中国投资设立外商独资企业——上海依视路光学有限公司，正式进入中国市场，依视路目前已经在国内共投资建设20多家公司。为了不断把先进的视光科技和产品带到中国，使中国消费者享受到先进的高质量镜片体验，依视路始终把"通过产品创新、提供舒适视觉和视力保护"作为其战略的中心。引进先进的镜片生产设备和技术，采用国际标准的生产工艺和管理，通过不懈的努力，持续帮助中国视光行业稳定发展，从而使中国消费者都能享受到安全、清晰、美观、舒适的高质量树脂镜片。

因此，对于这样一个以科技和工程为主导，产品生产为核心的品牌而言，其持续生长的引擎推动力在于不断创新优化的产品开发。如果说深谋远虑的战略是指导品牌走得稳健又长远的大脑，那么源源不断的创新和开发则像一颗永远跳动的心脏，保持品牌律动的脉搏，提供源源不断的血液，以适应、拓展不同阶段里不同地域的市场需求。

例如，针对夏季的来临，依视路推出一套完整的有害紫外线 UVA/UVB 防护方案，用于眼睛的“防晒”；也有室内外一副眼镜就解决的钻晶全视线系列，在室内是透明的镜片，室外则是舒适的深色，有效阻挡有害紫外线和眩光；X 动力偏光系列则帮助解决驾车安全的问题，防眩光，还原真实“视”界，提高驾驶者的反应时间，提供安全的驾车体验，等等。

每一次新品研发都会牢牢地围绕消费者需求和利益的角度出发，新品测试阶段每个研发小组都会安排 200—400 人的真实消费人群样本，让他们戴上新品，做全方位的体验测试；除了镜片设计的舒适度、与用眼习惯的配合度等等硬参数以外，测试中会特别加入软性设计，比如上楼、跑步等多元生活场景，以使戴镜体验与消费者的生活更细致地贴合。只有测试达到 95% 以上的正向反馈，产品才会进一步投入到小规模市场进行试销，在试销得到的进一步市场反馈信息后，继续改良、调整，往往在正式大规模投入市场前，整个研发和测试过程历经 4 年左右。创新的突破求变和研发的严谨细致，在这里从来不是矛盾，而是将每个新品打磨得尽善尽美的刀与剑，两者相辅相成又交相辉映，使得依视路紧紧把握并引领市场的节奏、创新产品层出不穷、在视光行业里一路高歌猛进。

以树脂片和“万里路”渐进片这两样专利创新产品为品牌的基础，它们在依视路创立初期便奠定其科研创新精神，这个从创立伊始便深深根植于依视路集团的基因，随着集团的成长不断复制，并覆盖全球的研发网络。

一方面，集团“投入创新”：目前依视路在全球范围内已拥有 5 座创新和研发中心（CI & T）和多个研发合作伙伴，超过 450 位研究人员分布于世界各个国家，致力于开发并研究一代代适应时代节奏的镜片；每年更是投入其全球营业额的 5% 用于研发，平均高达 2.14 亿欧元。集团将创新和研发视为其持续增长的重要战略。

另一方面，集团“合作创新”：通过依视路和各大学、工业集团、中小企业以及社交平台所搭建的合作网络，将创新渗入到集团工作的方方面面，包括产品、服务和市场推广。

持续投入、重视创新的最好回报就是市场的反馈，销售数据显示，畅销产品中的 60% 都是近三年内研发的新品。在产品研发上不断推陈出新，提升消费者的戴镜体验，因此依视路连续七年被《福布斯》杂志评为“全球最有创新力的公司”之一。

附：部分重点创新产品名录

序号	年份	依视路部分产品、技术及成就
1	1959	推出首款树脂镜片
2	1959	推出首款“万里路”渐进式镜片
3	1983	推出首款 Supra scratch resistant lens
4	1991	引进全视线光学公司的光感应镜片
5	1992	推出 Crizal combining scratch-resistant，anti-reflective and smudge-resistant 技术
6	1998	Airwear 宇宙片被美国国家航空航天局采用
7	2005	依视路抗疲劳镜片的诞生
8	2010	推出 Myopilux 以应对儿童近视问题
9	2012	E-SPF® 技术的发展
10	2013	引进 BlueCut 技术以隔绝有害蓝光
11	2013	引进防雾技术

“万里路”：打开中老年人的新视野

要说依视路的创新基因，溯源而上，除了镜片材料上发明了树脂片，另外一大核心的革命性创新产品便是渐进片“万里路”（Varilux）。现在，各大镜片公司都有生产渐进片，而渐进片的发明者正是本书第一篇便介绍的依视路国际集团名誉总裁贝尔纳·梅特纳兹先生。渐进片发明于1959年，那时的梅特纳兹先生正值壮年，是个英俊又勤勉的机械工程师。转眼他已90多岁高龄，熟悉他的人总是惊叹其“依然保持着发明家对世界不灭的好奇心”，而他伟大的发明，造福了越来越多的人，60年来，已有超过4亿中老年人佩戴了多焦点镜片，其中50%以上是“万里路”镜片。

作为依视路整个集团支柱型的创新产品，有必要了解一下“万里路”渐进片的基本原理。首先，渐进片针对的人群为40岁以上的中老年人群。40岁开始，随着年龄增长，人眼的调节力逐渐丧失，眼球晶状体逐渐硬化、增厚，而且眼部肌肉的调节能力也随之减退，导致变焦能力降低。因此，当看近物时，由于影像投射在视网膜时无法完全聚焦，看近距离的物件就会变得模糊不清，眼睛看近时出现调节力不够无法长时间持续看近、甚至看不清的状况。很多人往往会误以为自己的眼睛出现了眼睛疾病而去就医。但其实这是人上了年纪就会出现的正常生理现象，即老视，俗称“老花眼”。一般来说，只需要在看近的时候附加一个正度数就可弥补调节力的丧失，解决问题。因此，以前有近视眼又有老花眼的人们通常会有两副眼镜，一副眼镜用来看近，另一副则用来匹配看远时候的度数情况，他们经常两副轮换着用，一碰到些着急的情况就容易手忙脚乱。而渐进片，则巧妙地将“看近”“看远”、包括无差过渡的“看中间”完全融合在一块镜片上，用同一副眼镜就可以配合人类常规用眼习惯，哪怕“老视”了也可以回归到风华正茂的“当年”，轻松自然地看远近事物，毫无压力地接受视觉信息，不仅保持改善了生活质量，某种程度上也提升中老年人群的自信，相由心生，“戴上渐进片感觉自己都年轻了不少”，也是顾客们常有的反馈。

有趣的是，研发“渐进片”的时候梅特纳兹先生正值三十出头的黄金时期，并无老视问题，而他本人也并非视光专业出身。由于梅特纳兹先生的父亲就是视光师，因此这位工程师自幼对光学领域感兴趣。而年长的家人碰到因老视而频繁换眼镜还经常换错的问题，引起了这位机械工程师的思考，并激发其不断研究。他的父亲则乐于做梅特纳兹的“小白鼠”，在他多年的研创过程中，一直是他的父亲作“试戴”。培训总监魏峰先生在梅特纳兹先生来华时全程陪同，对渐进片的发明有更深入的了解：“事物相通，恰恰得益于梅特纳兹先生机械工程化的思考，才会诞生渐进片”。一般来说，普通的镜片都是单一焦点，通过焦点的调节来适配人眼的视力度数。梅特纳兹先生则通过在同一块镜片上打磨出度数渐进变化的无数个焦点的方式，使看远、中、近皆可无缝连接，令视野的切换在同一块镜片上自然而然地实现。这个在同一块镜片上打磨“多焦点”的思考和实践操作，是这项发明的本质。这项发明从消费者在日常生活中真实碰到的问题出发，切中要害，真正意义上解决了中老年们人人都会碰到的问题，从而使他们的生活得到实质性的改善。因此，渐进片一推出，便大受欢迎，各大镜片集团竞相效仿。所谓打江山易，守江山难，虽然渐进片诞生于依视路集团，但要保持领先地位，唯有持续不断地创新。

当市场上其他镜片公司也推出渐进片的时候，依视路早已从“视距”的研究拓展到“视野”。对于一般的多焦点镜片，镜片的中部区域能完好呈现“看近”“看远”和无缝“看中间”就已经很不错了，依视路在此基础上将中部视野区不断拉宽，要知道每多一点的宽度就是顾客看世界的舒适度，同时也考验着研发团队的技术高度，如今“万里路”渐进片已可轻松实现宽阔视野。而对于创造创新而言，精进的道路是无止境的。之后，技术团队又在配合“动态”用眼的功能上下功夫、膜层技术上不断提升等等的创新研究，使得“万里路”永远跑在渐进片市场的领先地位。

当今中国正在快速步入老龄化社会，据局部抽查统计概算，45 岁以上中老龄人口已高达 38%。渐进片可以为中老龄人口改善视力状况，提升生活品质，可以说在中国具有巨大的市场潜力。然而目前中国市场的渐进片渗透率仅为 2%，而欧美国家的渐进片渗透率已达 20%。其原因一部分由于中国适龄消费者对渐进片的知晓率比较低，普遍不了解老花眼的成因和较佳的解决办法；另外一部分由于渐进片品类的产品价格起点过高，导致渐进镜片难以被大众消费者接受。结合中国市场的特点，“万里路”舒适型作为“万里路”系列镜片中全球销量最多的热销产品，迎来了一次技术革新，加入了应用于天文、医学领域中的高科技—— WAVE2.0 技术（高级波阵面提升技术 2.0），为戴镜者提供高清晰视觉效果，而这项技术以前只有高端产品“万里路”睿视系列才会采用。这次技术革新提升了基本款产品的性能，为佩戴者带来更高性能、更高品质和性价比的视觉享受。而同时“万里路”睿视也获得了相应的技术提升，在新版的“万里路”睿视 3.0 中应用了双眼处方平衡技术，设计中消除佩戴者的左右眼度数差异造成的两眼光度变化，让佩戴者在远近之间从容转换，无缝衔接。

梅特纳兹先生的发明为全球中老年人们打开了远近自如看世界的惬意、舒适和自由；而其创新精神也随着这份让更多人“看世界更美好”的初心，注入一代代依视路人的血脉和精神，不断为世界各个地域文化的人们“改善视力、改善生活”。

贝尔纳·梅特纳兹先生

贝尔纳·梅特纳兹老先生现已九十多岁高龄。作为依视路国际集团名誉总裁，他是这个视光专业集团不得不提的灵魂人物。工程师背景出身的他，几乎把毕生的精力都倾注在视光学研究和光学镜片的工艺改良上。据他的三个子女回忆，父亲几乎从来没有周末，对他的记忆就是伏案于工作间的身影，以至于子女三个没有人愿意接父亲的班，因为“这是毕生的付出，只有真正热爱之人才能乐此不疲，外人看来实在是很辛苦”。

1959年，经过8年的潜心研究，他首次将渐进多焦原理运用到眼镜上，在同一片镜片的远用光区和近用光区之间，以屈光度循序渐进的变化方式，将远用光区和近用光区有机连接在一起。这样，在同一片镜片上，远用度数可逐步过渡到近用度数。因此，人们在一片镜片上即可同时拥有看远距、中距及近距所需的不同屈光度。戴上一副眼镜，相当于三副不同眼镜的功能，同时还可以从根本上改变双光镜片视物的跳跃感，或者换镜之苦（由于双光镜不仅不舒适，还不美观，因为镜片外观上有一道非常明显线条，所以大部分近视眼患者宁愿采用换眼镜来满足需求，看远，近视镜，看近，老花镜）。这个发明，成就了依视路经久不衰的核心产品："万里路"渐进片。因为这项发明，贝尔纳·梅特纳兹先生的名字被写进人类视光研究发明的史册。而他作为发明者，最后决定将专利毫无保留地贡献给依视路集团。

"如果他个人保留专利，以渐进片在全球的使用覆盖率来看，他都能排进世界首富榜了"，依视路集团前董事长兼首席执行官冯达磊先生谈到此事时感慨道，"但他没有这么做，而是将专利给了依视路，梅特纳兹先生为整个集团作出了巨大贡献"。

成功不可复制。然而，成功的背后必有其共性的因素，比如全情的投入和无私的奉献。但凡能穿越时间成长下来的企业，除却优秀的产品、供应链、人才储备、管理体系等有形事物，那些无法触摸衡量，却能产生深刻影响力、代代相传的精神，才是决定其是否走得远的核心动力。2019 年恰好是"万里路"渐进片发明 60 周年，在此向梅特纳兹先生致谢致敬。

“好学生”的聪明之举

《国民视觉健康报告》指出，近年来，由于中小学生课内外负担加重，智能手机、平板电脑等电子产品普及，用眼过度、用眼不卫生、缺乏体育锻炼和户外活动，社会上对儿童青少年近视防控工作和视力健康管理认识不足，公众视觉健康知识匮乏和视觉健康领域政策保障薄弱，各部门协同配合不够等因素，我国儿童青少年近视问题越发严重，近视率居高不下、不断攀升且呈现低龄化、重度化、发展快、程度深的趋势。

创新，这个强有力的心脏所迸发出的力量，如能随创新精神一起注入品牌运营的方方面面，是在产品开发的基础上更为激动人心的部分。在这个方面，中国市场有一个令人百述不厌的例子，依视路前董事长兼 CEO 冯达磊先生尤其引以为豪。

2010 年，依视路研发团队成功开发出专门针对儿童近视现象的 Myopilux 系列。它们专门结合儿童的脸型、生活习惯，采用高安全性抗冲击材料，完美契合儿童的自然阅读姿势，提供更大的舒适度，让孩子更迅速地适应；并且采用更宽阔的远用视野技术，阻碍有害光侵害，进一步保证了视觉的光学质量和近视矫正效果。根据美国全国眼科协会的科学研究表明，Myopilux 近视功能镜片能够帮助患有中、低度近视以及某些隐斜视的孩子有效减缓他们的近视发展，是当时唯一的非侵入性的儿童近视预防及减缓方法。

众所周知，在中国相对高压的学习竞争大环境下，青少年近视的情况极其突出，家长们要求自己的孩子“不能输在起跑线上”，致使孩子们接受超龄的学习强度，加上电子产品普及，使越来越多的孩子早早地成为“近视一族”。据相关调查，中国儿童青少年近视率已居世界第一。时任依视路中国总裁的何毅为此深感任重而道远，同时也意识到近视发展管理在中国将大有用武之地。酒香也怕巷子深，如何让 Myopilux 这样专门为儿童和青少年近视特别设计的镜片，为家长们和孩子们所知道，是何毅首先要考虑的问题。对于大部分眼镜商店来说，各个不同型号的镜片林林总总，要让 Myopilux 从中脱颖而出，除了专业的设计，还必须有其他更吸引人关注的条件。

曾经在达能培养的 Marketing sense（市场直觉）再次发挥作用。“要给 Myopilux 换一个适应中国市场的名字，”出于对中国市场情况的了解和把握，何毅提出为 Myopilux 改一个简明扼要的名字，“就叫‘好学生’系列！”这个名字直奔主题、一目了然，马上让人理解镜片所针对的人群，同时也符合中国的文化背景，家长们“望子成龙”的心理，期望自己孩子都是“好学生”的祝愿与“彩头”。

不料，这一提议在法国的集团总部却引起争议。对于一个工程师背景的公司而言，大部分产品的名字由其功能性或科研表述方式出发，“这是我们产品的一贯风格，也是公司的文化，不能随意更改”，不同的声音响起。这个时候，时任依视路集团董事长兼 CEO 的冯达磊先生必须作出最后的判断，并说服众人。“中国的文化背景与法国，以及世界上其他地方都不一样，所以对于产品的识别和认知也和我们传统的方式不同。去到一个新的地方，不仅带去我们的创意和产品，相互地，也要理解并吸收对方的文化和消费习惯。我们应该相信何毅的决定。敢于突破固有思路，也是企业运营中需要的创新精神。”冯达磊先生的一席话，不仅力排众议，说服了集团里相对保守的不同意见，更是开启了依视路在中国旋风式的“好学生”热潮。

清晰的市场定位、优秀的产品，涵盖于一个好记易懂的名字，一时间对自己孩子近视问题不堪其忧的家长们蜂拥而至，全国各大眼镜店包括医院系统纷纷推出这样既利民又易于介绍的“好学生”系列镜片。“好学生”系列由此成为依视路在中国市场长盛不衰的畅销产品，也进一步巩固了依视路在中国市场的领军地位。在此基础上，根据不同孩子的脸型，以及视力特征比如外隐斜和内隐斜，分别开发“红宝贝”系列和“绿宝贝”系列，不断配合市场需求进行优化。

基于近视发生和发展的原理，近视眼防控主要是在“眼睛疲惫”“眼轴变长”“调理滞后”这三个环节想办法。现在所谓的激光医治近视，是经过康复“眼轴正常长度”来医治近视，归于“眼轴变长”环节。但未成年人的眼睛尚处于发育中，并不合适激光医治。那么，就需要针对“眼睛疲惫”和“调理滞后”这两个环节进行防控。

“好学生”系列主要针对“调理滞后”。对于那些近视快速加深的孩子，往往伴随着各种眼位不正和斜视问题，“好学生”系列镜片对患有隐斜伴调理滞后的孩子，经过削减“调理滞后”，来减缓近视的加深速度。简言之，类似于非侵入式“医治”，是经过减轻看近时的调理滞后，来减缓8—16岁少年儿童近视加深。

对于“眼睛疲惫”这个环节，依视路也有推出“视满分”学生系列镜片。与“好学生”系列相比，视满分的优势在于，能经过操控近视的源头——“眼疲惫”，来达到近视防控。视满分选用的全视高清技能和双面点对应加工技能，来全面提高镜片的光学质量。

在营销普及上，依视路中国公司同样采取结合本土特色的方式，为“好学生”系列近视功能镜片专门开设官方微博账户“依视路好学生”，加大了知识传播和信息沟通的力度。

BBGR 到 BBJY

提及产品营销管理上的创新，何毅尤其强调对于碧碧及亚的介绍，他说：“好的营销管理创新，不是割裂的，一定是融会贯通的，是从产品开发设计到运营战略等综合的思路”。

BBJY 碧碧及亚的故事可追溯至 1846 年，法国光学公司 Benoist Berthiot 与 Guilbert Routit 合并，成立法国 BBGR（两家公司名字的首字母组成），是世界光学领域历史悠久的公司之一。该公司之后由法国依视路集团全资收购。相对于依视路的主线高端产品，BBGR 主要生产以性价比为核心、面向大众市场的系列镜片。

要知道这块市场的体量和重要性是绝对不可忽略的，尤其对于中国市场！经过多年打拼，依视路在中国市场上高品质和高端镜片的地位已有建树。然而，对于天然具有市场人口红利的中国而言，从销售来看，要长期支撑一个公司，必须牢牢抓住基数庞大的大众市场。另外，依视路主品牌的产品几乎每年都在元月一号公布新品以及产品价格表，而市场上其他的竞争伙伴基本上是开春三四月份公布，这个时间差给到十足的空间，让竞争者们瞄准依视路来打价格战，这样长此以往绝对会给依视路主品牌带来伤害。因此，引进一个副线品牌不仅是市场开拓行为，同时也是抵御激烈竞争、保护主品牌必须要走的路径。

于是，何毅决定向总部申请在中国销售 BBGR 品牌系列镜片产品，这对一家大集团来说可不是一件简单的事情。为了争取时间，何毅马上请亚太地区总裁帕特里克来中国一起与他跑市场，与国内的生产商见面，他们在紧张的两天之内，连续作战，走访参观了 8 家公司。帕特里克仔仔细细地与每一位老板询问攀谈，了解情况。第二天一早，当何毅打开电脑，一眼就看到帕特里克在飞机上写给集团 CEO 冯达磊建议同意何毅的报告。

说起帕特里克，何毅回忆道："他是我的老板，也是集团内的'飞行大王'，是新加坡航空多年的钻石卡第一人。我们背地里叫他'拼命三郎'。他最大的特点是全天候开放，24 小时临战状态。不论何时何地，他都会回复你的邮件和电话。"于是，总部很快批准了何毅的计划。因为定位精准，一经推出，便得到市场的积极反应，销量快速上升，同时还大大推动了依视路品牌的销售，公司上下喜笑颜开。正当何毅准备撸起袖子加油干的时候，问题来了，看似滴水不漏的商业逻辑，却遇到出乎意料的阻碍，而且问题来自内部。虽说 BBGR 归属于依视路总集团，但它自有其自身的成本以及产品专利等附加值，中国公司需要给 BBGR 一定的品牌费用和销售分成。从对方角度来看，这个逻辑也没问题，但是这样操作的话最终造成的价格成本还是转嫁到消费者头上，势必将失去原来设想的以高性价比来切入大众市场的意义，大大降低市场渗透率。所有事情皆有利弊，集团化运作带给依视路在中国快速发展强有力的背景支撑，但也会有其复杂的地方。面对这骑虎难下的局面，没有必要把"问题猴子"踢给集团总部，唯一的突破方式，便是迎难而上。"往往在不可能的情况下，才会更有效地激发创造力，商业逻辑的突破也是一种创新，不是吗？"面对这个难题，何毅立刻叫上团队，关起门一起头脑风暴，不出结果不出门。

不久，一个兼具"中国特色"和依视路开拓精神的智慧方案出现了。何不在 BBGR 的基础上，再造一个专属中国地区的类似品牌？于是，以谐音的方式，BBJY

诞生了，中文译名为碧碧及亚。该品牌是上海依视路公司在上海注册的二线品牌，权归上海依视路公司在中国使用。

确立了名称和市场定位，BBJY 碧碧及亚火力全开，大胆的创新研发配合性价比优势，为依视路在中国的发展强有力地打开市场广域。所有的研发都以深入贴近消费者生活的方式开展，针对中国民众越来越多使用电子设备的生活现状，推出专门抵抗有害蓝光的“优视蓝”、为孩子们使用电子产品做好防护的“蓝晶灵”、不仅防蓝光还能双面抵抗紫外线的全天适用型“睛赞”……每一款都得到市场的欢迎，适中的价格更是将贴心研制的视光呵护带到更多人、更多家庭的身边。其中，“全视线”单光变色系列以独特的创新：室内是常规的透明镜片，到户外会变色为时尚的“黑超”太阳镜，并且适用不同度数的人群，为市场带来超乎想象的全新体验，激起惊叹无数，业已成为行业创新的经典案例。

2014 年 4 月 21 日，碧碧及亚蓝洁 UV“全视线精典”发布会于武汉举行，以“精典再现，共创辉煌”为主题，正式推出“全视线精典”变色镜片。新款“全视线精典”变色镜片采用了全视线专利的膜层变色技术，并配备依视路集团推出的 ESPF 膜层，双面、双层过滤有害紫外线；此外，更针对中国用户需求，在变色效果持久性方面进行改良，产品通过依视路集团下属的不同渠道进行发售。时任上海依视路光学有限公司首席运营官的陈路怡对于变色片的成功深有感慨，并对新品上市充满信心：“十年来，依视路集团作为在中国最早引入全视线品牌，以及占有率最大的合作厂商，见证了变色片给镜片市场所带来的变化。变色片因其舒适的视觉感受和强烈的个性化风格，在充满高度同质化的镜片市场中迅速占据了不可撼动的一席之地。现在，已得到了越来越多消费者的认同和青睐，成为当前镜片市场不可小觑的消费潮流。‘全视线精典’的上市，将进一步完善变色镜片的产品线，为消费者提供更多选择，更能帮助零售商扩大市场规模”。

就销售而言，为了深入到层层梯级市场，BBJY 开放代理商直接销售的模式，满足了中小城市和中低收入者得到价廉物美的优质产品。周禹作为当年 BBJY 的销售经理不无感叹道：“何总在20年前就有远见地开创多品牌的思路，引进法国二线品牌BBGR，在中国将它本土化为BBJY。此二线品牌近20年依然在中国市场销售活跃，不仅为二、三线城市和大部分普通消费者提供视光优质体验，也成为依视路主品牌的市场开路先锋和竞争者的防护墙。回过头来看，真是深有体会其前瞻性！”

从市场策略到产品研发，以贴近市场的方式、结合本地市场特点，不断求索、求破、求立，使得依视路这个诞生于法国巴黎、已有170年历史的视光集团，在中国步步为营，成为行业当之无愧的领导者，并且连续七年被福布斯杂志评为“全球最有创新力的公司”之一。正如陈路怡女士在“全视线精典”变色镜片发布会上所言：依视路人将以更优秀的品质、更新颖的创意、更舒适的体验、更个性的风格为国内镜片市场的消费群体持续带来极具诱惑力的全新选择！

SCPP 创新体系

在和不同依视路人交流的过程中，一个强烈的理念渗透于方方面面的表达中：依视路并非单纯卖镜片，他们想通过每天的工作让更多人意识到视光健康与人们的生活质量息息相关，好的配镜过程是关于健康意识和生活方式的一体化综合体验。眼睛是人体最重要的器官之一，视觉是人类接受外界信息最重要的通道，因此视觉健康状况直接关乎人的生活质量。

在美国，镜片是需 FDA 认证的“光学药品”。在更多发达国家，验光配镜更被视为高度专业化的工作，眼科医生（Ophthalmologist）、视光师（Optometrist）和配镜师（Optician）所组成的“3O”体系，在英、法等国家构成了保障民众视觉健康的铁三角。因此，将视光师和配镜师比作帮助病人解决视力问题的医生和药剂师，是一点都不为过的。事实上，自从视光行业发展百年以来，其属性就一直是一个半医半商的行业。

然而，在国内的市场环境里，上自行业管理机构下达普通民众，大家整体对于视光行业的认知度还是属于比较初级的阶段，大部分人依然会把“眼镜行业”看成

“小商品”。这是依视路自进入中国市场以来，所意识到的显著问题，也是大家持续在研究、不断挑战的重要命题。“今天，在国内，大健康的东风已起，而视光这项与人们健康和生活质量息息相关的行业，在这个大健康环境中固步自封还是迎风而动，是每位参与者自身需要迅速作出的选择”，何毅几乎在每一次相关采访中都会反复强调。

行动是最响亮的呼声。2018年，利用首届中国国际进口博览会的机会，依视路在进博会现场搭建了完整的“眼健康体验中心”，推出360度创新驱动SCPP眼健康管理模式：眼健康管理模式整合专业的眼健康筛查（Screen）、根据消费者的眼龄发育及佩戴习惯进行清晰矫正（Correct）、全天候的各波段有害光防护方案（Protect & Prevent），涵盖预防、筛查、矫正、日常跟踪等多方面的一体化服务。利用最新设备为参观者提供深度体验，并推广全新的眼健康管理模式。以期唤起人们对眼健康的关注，同时推动整个行业进一步规范化和专业化。六天时间里，依视路“眼健康体验中心”接待了近5000名参观者，其中有近3000人现场体验了眼健康筛查服务，进一步提升大众对眼健康的认知。

纵观国内视光行业，单纯价格战的红海已越走越艰难，空间也越来越狭窄。随着消费群体对市场上产品和服务整体专业度要求的提升，以视光专业为导向的蓝海呈现出越来越诱人的前景。在国内20家产值超过亿元的眼镜销售连锁企业中（包括几大医院），绝大多数都是专业基础扎实、视光服务领先、员工培训常年不断。这些企业有一个共性，就是回头客比例高，哪怕客单价远高于行业的平均水平。优质而专业的配镜体验，增加大家对该机构的信任，大大提升了回客的能力。这说明了什么？唯有行业对自身的定位清晰了，加强专业化形象和服务的输出，才能促使眼镜验配行业真正地向半医半商的、专业化的发展道路转型，而市场才能真正认可该行业的价值。

［吕博士专家观察评语：创新从满足消费者需求开始］

消费者的需求和利益是在不断地变化中演变着的。依视路的创新和研发活动从动态的消费者需求和利益的角度出发，掌握好研发和测试的周期与快速变化的市场节奏需求之间的关系是创新取得成功的关键。

首先，依视路的创新力量雄厚，包括全球范围内五个创新和研发中心、多个研发合作伙伴、450位研究人员、以及每年以全球营业额5%的规模用于研发。其次，依视路采用开放式“合作创新”模式，与大学、工业集团、中小企业以及社交平台形成其创新合作网络，此外依视路还将创新渗入到集团工作的方方面面，包括产品、服务和市场推广。这是一个立体的三层结构，保证了其在产品以及用户体验上的持续推陈出新。

人才培训，是撬动行业的支点

由于在国外见证过专业的眼检查、验光、配镜的流程，并亲自感受到每一个环节所体现出来的高度专业性，何毅在进入中国镜片行业伊始，便深切感受到人才专业性的问题。“在中国，眼镜行业的发展快慢，取决于从业人员素质的高低”，何毅一进入行业就说了这样一句话，当时被业内很多人误解，认为是海归的清高心理作祟。然而，从整个依视路在中国的成长历程来看，人才的专业化培训，恰恰是撬动消费者品质体验和眼镜店销量提升这两头的关键支点，同时可有效帮助扩大品牌的影响力。

2016 年，北京大学李玲教授在其领衔的《国民视觉健康》研究中，建议将视觉健康纳入国民健康保障体系。眼镜行业存在的意义绝不只是售卖一件商品，它不仅承担着保障民生、维护国民视觉健康的重任，更于细微处，通过眼健康的改善，为每一个个体的生命品质提升发挥着不可替代的作用。中国的眼镜协会也开始公开呼吁从业人员的专业素质问题，令行业以及社会重视起视光行业的专业化人才培训。随着中国中产阶层消费者的崛起，消费者的文化程度越高，则越青睐于高质量的精良产品和服务。随着消费者对视觉健康重视度的提高、对验光配镜专业性的要求也会越来越高。服务的升级是消费大势所趋。而针对这个需求，眼镜零售行业的人才供给也需要迅速专业化。

水涨船高。只有源源不断的专业化人才培养和输出，才能使行业的发展与时代市场需求作正向匹配，才能扶助整个行业欣欣向荣地向上发展。在这个方面，依视路作出了行业的表率。

依视路中国在其创立的早期阶段，就从全国一些大专院校和医疗机构中选派了两批眼视光青年才俊去巴黎学习进修，同时公司内部成立培训事业部，为一家又一家眼镜店的服务人员进行产品专业化讲解，以及专业验配服务的培训。要知道眼镜店是直接接触客户的终端，好的服务甚至比打广告都更响亮；2004 年，上海依视路创办的天津万里路视光职业培训学校在天津落成，并于 2006 年与天津眼科医院联合办学至今，主要开展验光、配镜等各个等级的培训及考评鉴定，同时提供各类眼镜验配技术和营销管理课程等的培训，为眼镜行业的从业人员提供视光终身继续教育。与此同时，依视路还高度重视为眼镜行业的从业人员搭建沟通的桥梁，开展全方位的支持项目。2016 年，依视路成功举办了“万里路新秀大赛”活动，在全国范围内为超过 2700 位验光人员提供了培训和互相交流的机会，全面提升了渐进片的验配技能和销售技巧。

从商业角度来考量的话，“对于依视路在中国的发展，我可以说培训的重要性几乎等同于市场营销的作用”，何毅多次强调培训的重要性，这是出身于快消品重商业化“市场营销”的他，在视光行业这几十年来深入沉浸后的终极洞察：这个半商半医的行业，需要的不光是“表面”的噱头，而是货真价实的视光专业知识的支撑，这个支撑应当深入到方方面面，不管是工程师、技术人员，还是眼镜店的销售人员，只有每一个从业人员都有相对专业的输出，才可能引导和感化整个社会广泛人群对于视光健康的根本重视。

一位不可忘却的培训启蒙师

授人以鱼，不如授人以渔。依视路在中国开拓的视光之路，不仅在单一的产品销售上，而是从验光到配镜每个环节的专业化输出，以及对公众普及视康保护的意识上，全面、立体、深入地建立完整的认知体系，从而树立起这个行业在社会大众心目中的重要性。这样由内而外的专业化渗透和普及，是必须要有系统的培训和教育来引导，才能源远流长。

何毅向来强调眼镜行业在中国的发展快慢，取决于从业人员素质的高低。这个说法当时被业内很多人误解，认为是所谓海归的清高心理，而对何毅来说是急行业所急，由心而发的大实话。从历史成因上来看，中国眼镜行业的从业人员，源头上来一部分是改革开放前留下的，另一部分则是上山下乡后返城就业的，大都没有很高的教育背景。从教育体系来看，中国还没有真正普及视光教育，就算有少部分专业人员，也很难留下来在这个行业里服务到最后，因为社会对这个职业的认可度不高，或者说根本就不认为这是个专门的职业。比如说，时至今日，眼镜店里都还没有配镜师岗位，因为中国职业大典里面没有这个职业认可。每次提到这个现象，就令何毅又遗憾又焦急。

近年来，眼镜协会也开始强调眼镜行业从业人员的素质问题。“终于，行业整体对这个问题形成了集体认知”，当年的误解如今转变为行业共识，何毅一方面稍有欣慰，另一方面更加认为时不我待，“前路漫漫，意识仅仅是认知的第一步”。由于何毅一直以来对视光教育的重视，依视路在中国的培训体系几乎随其在中国诞生的伊始便萌芽。而这里，必须要介绍一位德高望重的关键人物，他的名字也在和各方面依视路人的接触中被频繁提及：陈雄。

以行业里“老法师”的说法，上海玻璃二厂算是最早一批开设视光相关培训的“老字号”，时间可以追溯到改革开放前。那个年代，大部分人还佩戴着厚重的玻璃眼镜，所以不少玻璃厂的工作人员都会学习光学的相关知识，跟中专技校相关的教育体制相挂钩。在这批早年的人员中，就有一位名字叫陈雄，他将是依视路在中国的第一名员工，也是第一名专业培训师。

1996 年，当何毅正式开启依视路在中国的视光之路时，可以说一切有如白纸般等待挥洒笔墨。这种白纸的状态不仅在业务上，其实也包括何毅对于这个行业的认知，正如他自己所说，“对于眼镜行业毫无概念”。集团似乎早就看透一般，为他引荐了一个人。

应该说和每个依视路人一样，似乎冥冥注定，陈雄的人生在某一刻，由一只无形的大手牵引，与依视路结下不解之缘。出于家庭原因，陈雄曾有一段时间生活在法国，年轻时学习光学的经历，使其成为 80 年代少数懂得光学知识的中国人。一次偶然的机会，依视路获悉此人，视若珍宝，便抛出橄榄枝赞助其在法国依视路进一步深造。那个时候的依视路，还完全没有涉足中国市场，但发现了陈雄这棵苗子，便不吝栽培，可见集团总部具有世界性的视野，以及对于开发国际疆域的深谋远虑。而这颗用心栽下的种子，适逢天时地利人和，便将开花结果，给出甚至超出预期的收获。

于是，在命运女神的安排下，陈雄成为在依视路集团内最早系统学习“万里路多焦点”镜片原理，以及成套验配体系的中国人。法国的人生经历暂告段落后，陈雄回到上海，带着一身在依视路学习并掌握的先进光学知识和技术。因此，当何毅正式为依视路在中国开山辟路之时，集团总部第一个就把陈雄推荐给他，而陈雄也顺理成章地成为何毅步入光学世界的启蒙导师。

“认识陈雄老师的时候，他不到五十岁的模样，略有谢顶，典型的知识分子，低调、朴实、专业本领扎实，教导起来循循善诱，非常有耐心”，何毅回忆起他的第一位视光行业导师，不胜感恩，由于陈老师专业的指导，自己才会顺利地掌握视光行业必需的基础知识。“他身上有老一辈知识分子一丝不苟的学术态度，对于经商那是一窍不通。”作为管理者的何毅笑言道，就像调侃一个熟稔的老朋友那样，看上去是戏谑，其实透着对于其精攻专业而不谙旁事的夸赞。

自依视路在中国建立起来后，陈雄当仁不让地担起培训经理一职。从此，开始天南海北讲课培训的生涯。“除了开创早期跟他学习产品知识那段时间，后来我们几乎很少见面，各自分头投入到繁忙的建设工作”，虽然说见面少了，何毅却从越来越多人的口中听到陈雄老师的名字，“全国上下主要的眼镜店几乎就没人不认识他的”。

那个时候，依视路中国还没有建立系统的培训学校，几乎就靠陈雄一个人带领着一两个刚刚毕业的大学生南征北战，去到一家又一家眼镜商店，以专业的角度、多年累积的行业经验、加上朴实的语言指导大家什么是“万里路渐进片”，怎么因人制宜地验光和配镜。

对于眼镜店的大部分工作人员而言，这些视光基础知识的培训令他们对自己所从之事有了深入的了解，感觉上就不再是“营业员”这么单薄，也对自己的职业多了份荣誉感。因为了解所以喜爱，当发现一副小小的眼镜有如此深奥的学问，而且稍有偏差对人们的生活质量会造成显著的影响，不少店员由此对视光行业产生真正的兴趣，从而也对自己的职业以及所处的行业产生骄傲感，他们主动要求进一步学习，后来都成为“万里路培训学校”的学员。有了基础知识做铺垫，当店员们为顾客服务的时候，也更加胸有成竹，依视路的镜片也自然而然地以其贴近顾客的镜片功能设计、优质工艺、专业适配、定制化加工等特点成为眼镜店里的首选，步入越来越多消费者的生活。陈雄老师近十年的培训积累，为依视路后来和天津眼科医院联办万里路培训学校奠定了坚实的基础。

如果一切都照这样持续稳步地发展，该是所有人都乐见的事情。差不多到第十年，万里路培训学校在天津建立起雏形，几乎所有接受过陈雄老师培训的依视路人，都想象着陈雄老师将成为依视路培训事业的鼻祖，带领年轻的培训师们，将视光教育之福祉普及给更多的人。这一切似乎毫无悬念，直到陈老师一个突如其来的电话。“这大概是我第一次听到陈雄跟我请假，他说浑身发黄，身体状态很差，实在撑不住想去趟医院，还反复叮嘱我向第二天本该接受培训的相关人员致歉，说是去好医院就回去”，何毅至今颇有感慨。结果出来后，已是癌症晚期。由于陈雄老师的家人当时还在法国，何毅赶紧把情况向总部汇报，总部通过国际联合的力量，找到国外相关领域的专家共同来分析。然而，病情以一种坚定又不可撤回的速度发展，就像当时陈雄和依视路的结缘一样，毋庸置疑，谁都无法改变。

最后的告别会上，几乎全国各大著名眼镜店的代表，还有依视路大家族的成员们悉数到齐。据说陈雄老师离开时神情平静安详，有如胜利完成使命后如释重负的安然。这场庄重而盛大的追悼会全部由依视路组织筹办，大家为这个行业诞生这样一位兢兢业业、德高望重的前辈而心怀敬意，同时也清晰地感受到老一辈留下的精神力量，它将传递到新的一代又一代，继续为更多的人提供服务，与更多人一起改善“光明”与美好的生活。

现在依视路品牌在中国的专业培训团队，不算万里路培训学校，已达30多人。以培训总监魏峰先生为首，每年为全国各地的眼镜商店输出专业培训高达几十万人次，有些眼镜店一次培训不够，就反复多次培训，以保证专业化输出质量为上。依视路在中国的发展，要说“培训”撑起半边天毫不为过，功不可没。

电台插曲

在早期单枪匹马跑市场的时候，陈雄老师结识到一位中国眼科领域的青年才俊，上海五官科医院医师、中青年眼科医生协会秘书长孙兴怀医生。大家都是致力于视光领域发展的专业人士，又同样具有国际游历的经验和一定理想主义的情怀，对于向大众普及视光知识和理念这件事几乎是一拍即合。陈雄二话不说把他介绍给何毅。

同样一见如故的两个人，几乎在交流的当天便决定尝试一项新奇的想法。20 世纪 90 年代正是广播大行其道的黄金时代，每家每户不一定都有光鲜的大彩电，但一定配备一台收音机，从早上收听新闻和天气预报开始，陪伴着家家户户的日常生活，这项兼具信息载体和娱乐功能的小型电子设备几乎是全民的标配。这是一条多么好的面向大众宣传的途径呀！

于是就在当时作为办公室用的零陵路公寓楼里，一台座机电话旁，在向大众推广普及视光健康知识的满腔热情下，“依视路热线”诞生了。这条热线建立在与上海电台合作的调频节目“依视路医院”的基础上，保持每周二、四一个小时，每周六一个半小时的频率向大众辐射。每次会有不同的人打进电话，有的询问怎么知道自己到底是真近视还是假性近视？有的查了视力发现视力骤降，赶紧来咨询怎么改善？也有的家里人出现青光眼、白内障的情况，打进热线群求专业意见。一时间，“依视路热线”通过电台的方式，把视光健康这项与人们生活质量息息相关的命题推到大众的日常认知范围内，提高了大家对它的重视程度，也使“依视路”增加了知名度。“这条热线可以说在当时小有名气，而实际上我们两个是在业余时间做的，孙教授按时一下班就赶到零陵路和我一起守在电话旁”，何毅说道，从他的回忆中依然能感受到他们当时为这项已经超越常规工作范围的跨界实践，所投入的一片赤诚。

可能现在已经没有人还记得这条热线，就连现在一批年轻的“依视路人”也未必耳闻，但这个当年行业内新颖的尝试，不仅为视光知识普及打开一条新的思路，也为依视路在中国建立系统的视光专业培训体系谱写了动人的前奏曲。

基业长青，需要代代相传

魏峰先生，上海依视路光学有限公司技术培训总监。1983 年毕业于上海交通大学，曾先后供职于国营企业、政府机构、民营企业和外资企业。对国内企业，尤其是眼镜行业的发展，具有丰富的经营和管理经验，并写有《眼镜产品的质量检验》《眼镜企业的经营管理实务》《ISO9001-2000 版质量手册范本》等书。近十年来，魏峰先生发表了大量眼镜营销方面的文章。其中，眼镜体验式销售方法的成功推广，进一步巩固了他作为中国眼镜行业最具创新力的营销培训专家地位。为提高眼镜行业从业人员的专业素质及业务能力，他还主持策划并参与创立了天津万里路视光技术学校，担任“经理人营销、管理培训班”课程的主讲教师。魏峰先生多年来一直致力于眼镜零售业销售力的研究和传播。由于在培训课程中大量应用了销售心理学和行为学的理论，他的授课内容很丰富，深入浅出，生动活泼，情趣盎然。他还创立和开办了“眼镜的体验销售”“眼镜零售的十大误区”“三大定律八项注意”“卓越销售技能”“店长的人际管理能力”等近年来蜚声眼镜业的眼镜营销和管理培训课程。

在陈雄老师的努力下，视光培训事业在全国各地逐渐萌芽开花。何毅意识到必须注入更多坚实和专业的培训力量，来夯实和拓展培训事业，使之基业长青。差不多在 17 年前，依视路在中国的培训事业迎来了第二位关键人物：魏峰老师。

这是一位风度翩翩的高级知识分子，加入依视路之前担任南京质量监督局的眼镜产品质检站站长，大学在上海交通大学主攻精密仪器研究，对于光学仪器部分深有造诣。当何毅找到他诚邀其加入依视路的时候，他已经 40 岁了，在一个国家单位身居要职，可以说工作生活都平稳安逸、如鱼得水。“在那个年代，放弃国家的‘铁饭碗’，又是在 40 岁的年龄，可以说很叛逆了，但是有一种力量在推动”，可能长期专业培训的关系，魏峰老师往往一开口，言语中带有无形的力量感染着听者进入所描述的氛围，“这股力量现在想来是国家改革开放后，市场经济快速发展所带来的热情与希望。视光健康关系到每个人的生活品质，每个人的一生中多多少少都会遇到视光相关的问题，而中国市场的基数如此宏大，一想到可以切实地走上一线，去燃烧自己，以专业培训来推动商业，乃至推动行业大发展，就令我心潮澎湃，再也无法安坐于自己的温室一隅。”

魏峰老师是个喜欢音乐的人，他说音乐是需要感受的，人生活在社会里面，还是要懂得一些跟所做工作不太相关，但是和艺术有关的内容。一个对世界具有丰富感知度的人，内心必然是鲜活的，流淌着水手的血液，他们终归会回到浩瀚的大海里，在每一次搏击风浪中以勇气和智慧为世界带来更多有益的价值。而这样的勇气和激情也不自觉地融会于魏峰老师每一次的培训传播、对于团队的影响和带领。

与何毅的相识，魏峰老师一直归根于缘分。而天下善缘，无不来自善因播种。“其实，在跑丹阳项目期间，我就经常听到相关眼镜公司或工厂提到魏峰这个名字。他的专业性和主动分享、传播与教导，令其声名远播”，何毅当时心里就默默地下好决心怎么都要请他过来。

基业长青，需要代代相传。这是一个长久栽培的事情，需要找到既专业又普适的方式。事实证明，魏峰老师的加入，将整个培训体系从单一的产品培训，逐步扩展到技术培训，先到销售技能培训，再进阶到营销培训。使参与培训者可以根据各自的能力、背景和职业规划找到适合自己的成长路径。这套在实践中逐步完善和趋于成熟的培训体系，也为2005年将培训落地于“万里路学校”奠定扎实有力的基础。对于课程的研发，魏峰老师尤其关注受众的理解度，比如一进公司，他便立马戴起“万里路”眼镜，除了品牌归属感体现外，他从日常使用的点点滴滴所激发的感受出发，每一条都记录下来，讲课的时候有这些个人经验来丰富讲解，会让听者感同身受，深入理解，而并非背诵一些干硬的理论知识。魏峰老师进一步解释道，其实相比于市场上其他的竞争伙伴，依视路从集团科研中心到各个分支研究机构都更加侧重于“人性化”的研究，崇尚“生命光学”。对于每一项产品，都会从实际佩戴效果上着手改良、精进，以适配不同地域和生活习惯的人们。几乎每一个新品诞生都要经过无数道真人测试程序、与真实生活场景测试。

“自己从事培训，就更加要不断学习”，在依视路鼓励专业知识学习的大氛围里，他得以长期积累、从不间断地学习和补充，于2008年出版了《眼镜销售学》，成为整个中国视光销售行业内第一本宝典式专业书籍，销量至今攀高不减。在这个以“暴利”著称的行业，著书详解，释义于人，可以说是拓荒式的举动。“眼镜销售人员不仅要有坚定的信念、敏捷的头脑，还要有丰富的产品知识和专业的品牌、质量、功能、价格，甚至还要比较销售人员的服务态度、专业知识等，这是一门实战性、专业性很强的技术”，这本书令大部分行业工作者们看到行业的门槛，意识到自身所从之事的意义、价值。在推动大众对于行业更充分认知的同时，其依视路中国培训中心总监的身份，也令更多人看到依视路在行业内孜孜不倦地耕耘。

万里路学校：一个“独断”又意义深远的决定

随着多年全国各地培训经验的积累，行业的快速发展，不管是眼镜店工作人员、代理商们，甚至是社会上对视光行业感兴趣的人们，对于视光领域专业学习的需求和呼声越来越高。滴水穿石，这些情况也侧面反映了方方面面长期的工作取得一定成效。所谓趁热打铁，到了新的阶段就要有新的举措，将视光培训教育专业化、体系化到了势在必行的时刻。

于是，何毅向上级申请在中国建立一个面向行业的专业视光培训中心。出乎意料的是，他当时的上级竟然以“办学教育不是我们公司的业务核心”为由，拒绝了这个申请。何毅仔细思忖，从集团角度来说，逻辑并没问题，要知道在西方国家，视光健康是个全民高度重视的问题，由眼科医生（Ophthalmolgist）、视光师（Optometrist）和配镜师（Optician）组成的“3O”体系已经相当成熟，专业视光培训深植于眼视光教学体系中，所以各司其职，不会混淆各自的核心业务，线条清晰明确；然而，中国的市场情况相比之下就比较特殊了。何毅清楚地记得一次和广州中山医科大学视光专业学生之间的对话：

“毕业之后会去哪个眼镜店工作呢?”

“何总，坦白说，我在犹豫毕业后是否会去眼镜店当配镜师。虽然做了长期专业的学习，可身边的人依然会觉得你只是一个眼镜店的营业员……”

这个回答在何毅心里激起鸣雷般的震惊。要知道在西方国家，“视光师”或“配镜师”都是个令人骄傲的职业，在法语里称之为 Métier de Lumière（光明的职业）。而且整个社会对该职业有共识，知道其必须经过专业的培训和教育才能实现。所以，这是一个极有社会价值的工种。

可是在中国，社会对视光行业的认知程度远远未及应该的认知的水平，这需要政策层面引导、教育层面不断深化、宣传普及方面持续推进，相辅相成。一个行业要真正地实现专业化、职业化，才能壮大和发展起来，同时，专业的输出、讲解也会提高销售的附加值。不然中国的视光行业就只能滞留在初级水平，这和我们国家的经济发展速度，以及全民“大健康”的发展方向相违背，最终受伤的只能是不断追求高品质生活的消费者们。任重而道远，作为中国视光行业的领军者，依视路为视光培训和教育助力责无旁贷。

“这是一件我们在中国必须要做的事”，虽然一开始并没有得到区域总部的支持，但行动胜于一切言语，何毅决定把学校作为中国的特殊任务，由中国公司尝试实践，“视光培训学校我们要做，相信集团到时候也一定会理解的”。

老话说得好：有志者，事竟成。依视路于不久后拿到了社保局批准的办校营业执照。办校的想法在何毅与各方面志同道合者交谈中，都会由心传递而出。恰好这时，天津的代理商买下一处地理位置合适的房子，愿意为万里路学校作出贡献，为其所用，然后邀请到中国视光界的鼻祖人物，北大毕业的天津职业大学视光系主任宋慧琴教授来担任校长。学校的发展速度众所瞩目，对于大量的需求，原来的教学场地也显得局促起来。这时，天津眼科医院李捷书记恰好开始规划视光专业的培训学校项目，得益于之前依视路与天津眼科医院建立下的长期合作关系，彼此建立下深厚的信任基础，于是双方决定携手推动中国视光行业的专业培训教育事业。产学结合，天津眼科医院是北方最大的专科医院，有其加入可以说是如虎添翼，珠联璧合。万里路学校也顺势搬到天津眼科医院所属场地，实现了质的飞跃。

天时、地利、人和，在多方合力之下，上海依视路与天津眼科医院于2005年开始共同运营天津万里路视光职业培训学校。这是一所视光技术教育培训中心，主要开展验光、配镜各个等级的培训及考评鉴定，渐进多焦点镜片验配技术的专题培训和各类营销管理课程的培训，为眼镜行业的从业人员提供了一个眼视光终身教育的场所。

这是一所完全民办的院校，拥有雄厚的师资力量，具有严格的评分机制。课程由众多资深的眼科专家、老师、验光师、依视路公司和天津眼科医院多位技术骨干联合担纲，采取理论教学和实践教学并重的教学方式，做到理论知识“学以致用”，实践能力强化培养。学校的电化教学设备齐全，实习场地宽阔，拥有全套先进的验光和加工实习设备，如综合验光仪（全自动、手动）、电脑验光仪、角膜曲率计等等。

学校创办十几年来，累计培训2.4万人次，为中国视光行业输出优质人才持续助力。并且从运营上，学校没有依靠集团的资金支持，而是通过优质的课程体系来实现自负盈亏，在保证正常和可持续发展的基础上，为推动“3O”体系在中国的形成做好铺路石的工作。而依视路集团也早已将此举列为依视路在世界不同文化背景的市场里，推动市场健康发展的成功案例。

成长的信念：来自魏峰的自述

我是40岁离开国企下海的。当时我在南京市技术监督局工作，后来开始做眼镜方面的质检，接触到眼镜行业，并开始尝试在这个行业内做培训。我这个人就是比较好学，而且也善于学习。我曾是国家ISO9000的审核员，曾经在技术监督局时得到比较好的条件，国家给ISO9000做推广的时候，整个南京地区基本上就是我和其他两个培训师去宣讲，就天天讲、天天讲，所以这个过程锻炼出了我的培训能力。40岁转型不是一个容易的决定，当时一个朋友的一番话给了我很大的推动力，至今清晰。他说还有20年的职业生涯，在一个一望到底的地方虽然度过的是20年，但实际上在浪费生命，如果换一个能发挥你能力的地方，哪怕干10年就等于干了20年，等于延长了生命啊！所以尽管身边其他的人包括家人都反对，我最后还是下定了决心，真的就是这个信念在支撑，到现在一点都不后悔。

对培训产生兴趣后，我就到眼镜店去了解他们需要哪些类型的培训？眼镜行业的需求我不懂，我就去了解眼镜店的店员们究竟需要什么东西，我还去到丹阳考察，这一考察发现，天啊，这个产业的下游端对于基础知识实在是太匮乏了，需要培训的东西太多太多，当时正好认识了两个老板，就是现在明月光学两位谢老板，在当时他们初创的公司将我所学到的知识付诸实践，从他们的业务人员培训，到内部培训，还有外部销售人员培训等等，从头梳理，还帮他写了两本书，一本是关于眼镜店管理，另一本是关于眼镜检验，这和我原来的工作相关，主要阐释镜片是怎么检验的，是一本从专业角度出发的书。

接触行业后，我的兴趣愈发浓厚，想更多地了解商业运作，学习方向逐渐转向市场营销，大学里我是学工科背景出身的，所以营销方面完全是自学。学习以后，才知道 Marketing（营销）对于促进市场认知和销售是如此重要！学习市场营销相关知识的过程中，我经常一边学习书本知识，一边去到眼镜店走上一遍，试图活学活用，解决眼镜店里面的问题。结果发现这个平台空间巨大！

在我加入依视路之前，有位知名的陈雄老师负责培训事务。要知道当时依视路的镜片很贵，那个时候中国的汇率也比较低，人工也很低，几百块钱现在对中国人来说不算大钱，但那个时候，让平常百姓花几百块钱买一副镜片简直是难以想象的，普通人的工资也就几十块钱，根本不可能卖出去。但是陈雄老师就主要抓住一个在中国鲜有的产品，依视路的专利产品——渐进片，逐步打开了市场。那个时候，渐进片完全是新鲜事物，根本没有人会验配，但是依然会吸引来中高端的人士前来购买。一旦有眼镜店想卖渐进片，就会邀请陈雄来教授。

所以，当时的总经理何毅就发现了两个市场切入点：第一个就是中高端的技术，中国没有，必须要引进，所以需要人来教。第二个就是中国整个眼镜店的基础很差，迫切需要培训。2001 年陈雄老师不幸患病去世，我那年还在帮明月公司做培训，应该说是风生水起，何总感到奇怪，一个本土眼镜公司发展飞快，里面肯定有高人！后来何总就找到了我，和依视路的结缘真正开始。

我于 2002 年加入依视路，发现依视路的客户都是最好的客户，就是说中国最优秀的眼镜零售企业都在依视路这儿。反过来对我的挑战就是，在这个优秀的平台上，你能不能胜任培训？是否能做得成功？于是，基于之前的经验和个人的思考，我对整个培训体系做了一个重大的改革。在我到来之前，依视路的培训只限于专业方面，就是渐进片的验配方法，我加入之后把营销培训也加入进来。第一年就推出一门新课程叫“体验销售”。那个时候关于“体验销售”的营销类书籍刚刚出来，是一门很新的科目，书里有介绍星巴克的体验销售，我就好好地把它研究个透，然后运用到眼镜行业里面。

比如说我们的PC片，和传统玻璃片比起来优势就是不易碎。这个体验营销，吃透了也很简单，就是要让一个静的产品和顾客互动起来。于是我设计让顾客拿着榔头来砸PC片的体验环节，顾客发现怎么砸都砸不烂，对其硬度立马有了切实的感受，一下子就接受了。使用这套方法以后，各大眼镜店不仅销售增长了，客单价也进一步得到提升。

记得我刚加入依视路的时候，何总对我说的第一句话就是：你的培训一定要走在这个行业的最前沿！何总对我的这个要求对我的促进作用尤其重要。一个培训师如果不去学习新的知识，不能与时俱进的话，时间长了，他就只能炒冷饭，只能停留在陈旧的内容上，无法真正在这个行当唱主角，这也是催促我不断学习自我更新的动力。

何总对我们要求很严，每周五都有一个固定会议，我经常接触客户，每次都有新奇的思路，其实和每周同何总一起展开的脑力赛跑分不开。每个周五下午都要准备好，和老板谈什么，提前做好准备，把很多市场案例的分析、想法处理清晰。何总还经常问我最近看的什么书，我会把书拿出来给他看，与他分享，虽然我和他是老板和下属的关系，但并不妨碍我们相互建立起很好的信任关系，因为我们之间始终进行着互相学习的过程。

可以说40岁从政府机关出来，到现在的职业成功，实际上何总对我的影响是最大的，他做了我十年老板，我就一直和他保持交流，持续成长。所以说，虽然老板有时对你严格要求，有时会很烦，但实际上会对你的人生产生深远的影响。2008年的时候，我又写了一本书叫《眼镜销售学》，这就基本奠定了我在这个行业的地位。从2002年加入依视路，到今天已经16年了，我一点点把整个培训内容做成一个更加多位一体、适合中国市场发展的体系，包括产品、管理、营销等等，现在我们团队有三十几个人，各种各样的人才都有。我们和各大眼镜店工作人员之间慢慢形成一种亦师亦友的关系，这和生产商与客户的关系是不可同日而语的。

借此机会也想给年轻职业人一点建议：一定要干一个自己有足够能力成长的行业，尽量跟着这个行业一起成长。这样你不会在短期内被淘汰掉，可以通过学习不断地进步，不断地增值。

我个人经历的这 20 年可以说是大江大河、波澜壮阔，走到现在就是这么一个简单的信念，支撑我从事培训工作如此之久。2010 年，我心脏有问题，进行手术，情况比较危险，当时那些开过刀的病友大部分都在家休息了，不管是比我年轻的还是年纪大的，只有我现在还在外面像没事儿人一样。其实，我觉得这是因为一个信念，每个人在自己的企业里，都应该要树立一个简单又长久的信念，那就是你自己能够成长！

所以有这么一句话——别人可能不能让你成功，但是他无法阻止你成长，你只要能成长，在任何情况下都能一往无前，真的是这样。

美国精神之父爱默生说：“一心朝着自己的目标前进的人，整个世界都会为他让路。”

[吕博士专家观察评语：人才培养是企业可持续发展的关键]

将专业技术培训与产品营销培训组合起来，这是何毅为企业可持续发展所做的重要考量。这一培训策略的定位，来自他对中国市场的精准把握：填补中高端的视光技术的缺口，提升本地眼镜店的基础水平。他所创造的培训聚焦点围绕着当时比较新的概念：“体验销售”，以带给用户最实用的价值为导向，既有技术含量，也有营销技巧。

基业长青，需要通过人才发展代代相传。基业长青，也需要一个不断成长和进化的市场。事实证明，这一策略，撬动了消费者品质体验和眼镜店销量提升。有了这两头，既创造了业绩持续增长，也提升了品牌影响力。

使命篇

使命的传承

依视路集团是一家拥有170年历史的企业，它所在的领域，一直是介乎于医疗器材和健康用品之间，与时代同步，打造卓越的产品，为健康带来福祉，一直是依视路的追求。这种追求，早已融入在依视路的DNA里。

肩负着“改善视力，改善生活”的强大使命，依视路集团始终致力于提升人们的视力保护意识并提高触达率，以确保地球上的每个人都能享受到良好视力给生活带来的变化和福音。

长期耕耘于企业可持续商业战略和企业社会责任的先行者和实践者吕建中博士说：“我看过那么多企业，在这些企业当中，依视路可以说是自上而下‘使命驱使’的企业典范之一。依视路不忘企业发展的初衷，以使命引领企业发展，并热衷于公益事业，在创新提升自我的同时，不忘回馈社会，与社会一同发展前行。”

视光，是生活里司空见惯的事情。因为司空见惯，人们常常忽略视光领域中的问题。成语中有个说法，叫视而不见，用到这里太恰当了。然而在何毅的心里，他无时不在为这个“视而不见”的问题焦急，无处不在为解决这个“视而不见”的问题奔走。

根据依视路发布的《在一代人的时间内消除不良视力》研究报告，在全世界约77亿人口中，近27亿人存在着不同程度的视力障碍（近视等疾病）而且没有得到科学的矫正，每分钟有6个人最终成为失明者。在这27亿视力障碍人群中，90%[①]居住在新兴市场，50%在贫困线以下，30%是儿童。报告还显示，在中国，近视人群中视力没有得到正确矫正的人数高达6亿，其中很多在偏远地区和社会边缘的人们得不到有效的治疗。据世界卫生组织统计，全球近视人群在2050年将达到50亿，每年因视力不良而导致劳动生产率的损失折合成货币价值，近2720亿[②]美元。视力障碍，不仅仅困扰着人们日常的生活，还对交通安全产生着巨大的隐患，有一些驾车的人，因为看不清又没有及时、正确地矫正，导致发生车祸，甚至在事故中失去生命。提升对视力的保护和矫正质量、开拓视力保护和治疗的服务渠道、建立专业的标准和合理的价格体系，自然成为了依视路自愿承担的社会责任。

2010年，时任依视路集团董事长兼CEO的孙余沛先生面对不断变化的世界，开始对依视路原有使命的定义进行重新考量，他们在“改善视力，改善生活”的基础上，不断深入地探讨视光对人类、对社会的深远影响。孙余沛提出这样一个问题：“全球有多少人需要戴眼镜？”孙余沛提出的是一个简洁而强有力的问题：在需求的背后，隐藏着的社会问题在哪里？作为视光领域健康产品的提供者，依视路应当如何在解决这一重大社会问题中，把握机会，创造价值，给世界带来福祉？

在孙余沛先生的推动下，集团于2013年建立了使命部，任命负责依视路东南亚、南亚和印度市场的贾安思（Jayanth Bhuvaraghan）担任首席使命官（Chief Mission Officer）。贾安思直接向孙余沛汇报，他的任务就是高举集团使命的旗帜，通

① World Health Organization，“Universal Eye Health：A Global Action Plan 2014—2019，” World Health Organization（2013）：4，https://www.who.int/blindness/AP2014_19_English.pdf.

② TST Smith et al.，“Potential Lost Productivity Resulting from the Global Burden of Uncorrected Refractive Error，” Bull World Health Organ. 87（6）（June 2009）：431—437，http://dx.doi.org/10.2471/BLT.08.055673. Updated for population and inflation，2015.

过各种战略性的举措，助力依视路集团实现“在2050年前消除全球不良视力”的宏伟愿景。贾安思在负责印度期间，曾与时任集团董事长的冯达磊先生一起设计了印度市场战略，为依视路打开印度市场立下汗马功劳。2006年，贾安思为测试依视路产品在印度边远地区市场渗透率，他做了移动视力筛查车，在印度南部的边远乡村，为百姓们筛查、矫正视力，并与班加罗尔的卫星医院网络连接起来，使得乡村百姓在家门口也能获得视光服务。贾安思把依视路“改善视力、改善生活”的使命带到了乡村，带给了普通的百姓，带给了他们光明和温暖。

贾安思担任首席使命官之后，继续着他早年在印度探索过的社会企业（Social enterprise）的模式，希望把依视路的使命与业务成长更紧密地结合起来，更好地为社区服务。在他看来，商业作为一股“善的力量”，在解决不良视力这一社会问题上能够扮演非常重要的角色。而探索出一个可持续的商业模式，对于实现在2050年前消除全球不良视力这一目标，显得至关重要。

为使这一战略得以实施，贾安思还推动在依视路董事会内建立了企业社会责任委员会（Corporate Social Responsibility Committee），该委员会的主要作用是确保依视路集团更高效地解决与集团使命“改善视力，改善生活”相关联的经济和社会挑战。这涵盖了与集团的使命和运营相关的所有企业社会责任领域，包括可持续发展，道德和合规事宜。依视路是法国CAC40（法国股市指数）公司中第一家建立企业社会责任委员会的集团公司。

“改善视力，改善生活”——依视路的使命越来越清晰，越来越坚实，越来越产生着巨大的影响。依视路的社会目标是伟大的，它致力于到2050年消除全球不良视力，这是一项多么艰巨而光荣的任务啊！

回想当年，孙余沛热忱的社会情怀、敏锐的商业眼光，让他触摸到了社会问题的痛点和商业机会的热点；他看到了问题，看到了方向。也许是在视光行业多年的职业素养，依视路的高管团队，从冯达磊到孙余沛，到贾安思，到何毅，他们都有着“看得清，看得准，看得远”的职业经理人的高贵品质。

对于依视路这个视光领域中的领军型重量级企业而言，确立进而弘扬和传播、并持之以恒地践行自己的使命，是一项意义重大而影响深远的巨大工程。孙余沛对引领这一工程的凝练之句—— 让人们“看得见”更清晰、更美好的世界，有着深刻而独到的洞见。在法语中，“看得见”是“Voir”这个词。这个词，有着相当丰富的词义和内涵。它是看见，也是看到。它是观看、游览、参观；它也是细看、察看、观察；它是经历、发现、理解。它是懂得、明白、领会。它是研究、考虑、思考。它是尝试、判断、评价。它涵盖了围绕着依视路的使命，在行动中必须做到的方方面面。

依视路的使命通过五个战略支柱来实现：使命的定位、使命驱动的企业战略、强大的企业治理、企业的行为准则和价值观，以及员工持股会。这五个接地气的战略支柱，多年来为依视路的员工、合作伙伴、客户、消费者和利益相关方提供了一个共同创造价值、不断良性发展的平台。今天，“使命驱动战略”已经成为依视路对企业经营、培育市场的可持续商务发展观。依视路大中华区新一代领导团队，正在同样有着使命感的 CEO 杜马诺的带领下，与新近合并的陆逊梯卡一起前行。

依视路（中国）投资有限公司主席何毅说过这样的一段话：“商人和企业家的一个很大的区别是商人以赚钱为主，企业家则会兼顾社会责任。对社会责任的重视程度和践行力度，是衡量一个人是商人还是企业家的重要标尺。”

依视路进入中国已经二十多年了，何毅是依视路在中国市场的领路人。他秉持着“为客户创造价值——给店家带来利润，为消费者带来享受”，二十多年如一日践行“看世界更美好”的信念，带领团队在眼镜行业开拓进取。使命，始终是他力量的源泉，他把“责任、个性化、软力量”作为践行使命的关键落地之根。

现在依视路（中国）有 11000 名员工，销售网络遍及全国几万家眼镜店和医院，有成千上万消费者，已经对中国眼镜市场、眼镜行业起着举足轻重的影响作用。公司越大，责任越大，使命驱动战略，时刻把握正确的方向，做正确的事，意义也就越来越重大。

[吕博士专家观察评语：把责任担当落实到企业运营和社会价值创造的实处]

责任，即企业内的每一个人在承担社会责任之前，对自身，个人与企业之间的责任应当首先确立清晰的观念。依视路强调承担社会责任，根据中国市场跳跃性发展的特点，积极推动行业发展，做行业内受尊重的企业和受消费者喜爱的企业。个性化，即不断带来细分化市场的个性化，遵从“没有一模一样的眼睛，个性化追求是永无止境的”的负责任经营理念，在科技、产品、创新方面持续加大投入。软力量，即打造依视路软力量，建设中国眼镜行业软环境，从树脂片工作委员会成立算起，依视路就致力于培训，与高校联合，办学校，编写教材，将国内验光师送出去、将国外专家请进来等系列基础工作。

使命造福一方水土

中国目前患有视力不良却没有获得矫正的群体大多生活在二、三线以下城市和农村地区。在广大的乡镇和村里，视光基础设施严重不足，人们没有办法去医院或眼镜店检查视力并获得矫正，但是我们不能忘记他们。因此，我们通过公益慈善和包容性商业的方式，将专业的视光服务送到每一个需要的角落。让每个人的视力健康都能得到应有的、有效的保护，这是我们的理想。

——朱家骢，上海依视路视力健康基金会秘书长

在依视路，使命正成为引领企业前进的动力，也成为企业回馈社会的指引。2016年，依视路在中国成立了上海依视路视力健康基金会（简称“依视路基金会”），把对视力障碍人群的关爱，带到急需帮助的偏远山村。

随着中国脱贫攻坚战的全面展开，2.5亿贫困人口正从温饱贫困线以下解放出来。但在那些偏远地区，有些小学校里的孩子们的近视率竟高达30%！ 2018年8月，习近平总书记提出“全社会一起来呵护孩子们的眼睛”，要解决这个问题！

位于山西省吕梁山区兴县的疙瘩上乡是一个革命老区，也是当地的一个贫困县，它距离最近的县人民医院，有100多公里的路。依视路基金会秘书长朱家骢带领的公益小分队，在这满是崎岖的山路间不知疲倦地奔走着，他们要为改变这里的孩子们得不到视力保护的现状，作出自己的贡献。当地一所山村小学的老师告诉朱家骢："这个小学校的五年级总共只有6个小朋友，其中3个视力有问题，连黑板都看不清。"朱家骢还得知，这儿的学生们从来没有接受过常规的视力筛查，更不要说有可靠的途径去验配眼镜了，而且，出于家庭贫困等原因，很多孩子根本就配不起一副矫正视力的眼镜。朱家骢和她的队友们看在眼里，急在心里。

从2017年3月到2018年5月，依视路基金会的"睛彩视界"项目，在兴县为所有的小学、初中学校完成了全面的视力检查。历时14个月，覆盖41所中小学，先后为22994位同学做了眼科检查，为6492名小朋友免费验配矫正眼镜。

兴县人民医院五官科副主任医师翟淑珍大夫说："我和医生们、家长们、孩子们从心底里感激依视路的公益行动。"操着一口浓郁的吕梁口音的兴县教育科技局主任科员郭保平，回顾这一年多来"睛彩视界"走过的每一道山梁，度过的每一个日夜，内心充满了激动。他说："这个项目给兴县许许多多的因为贫困而戴不上眼镜的孩子们送来了光明，也为兴县的脱贫攻坚带来了推动力量。我相信，依视路的'睛彩视界'并没有结束，今后还将继续下去，继续关注兴县老区的脱贫问题，继续关爱兴县孩子们的健康成长。"

这个故事，后来被拍成了小视频。在闪闪而过的每一帧画面里，我们看到了孩子们好奇地戴上眼镜，欣喜不已地看清了黑板，脸上漾起萌萌的笑容。

据依视路基金会秘书长朱家骢介绍，从2015年到2019年底，依视路基金会已经为国内超过200万名贫困学生提供了免费视力检查服务，并为其中将近17万名近视学生验光并捐赠了公益眼镜。朱家骢说："面对中国如此巨大的视力健康挑战，任何一家公司或公益组织的力量都是有限的，影响也很有限。只有通过联合志同道合的伙伴，汇聚社会各方的力量，我们才能更快速地推动贫困地区儿童视力的改善。”

帮助那些身处偏远地区、很难得到正规视力矫正的人们，早已是依视路的传统。继各类针对青少年视力健康的公益项目之后，依视路又在全国多地开展了“爱眼大使”活动——依视路提供设备和技术培训，帮助当地建立起能为老百姓检查视力、配镜矫正的能力和设施。还有更多的尝试和探索的进行时，例如：

依视路与阿里巴巴“乡村淘宝”合作，装备了带有视力筛查的视光专车，深入河南等地的乡村，为那些没办法到大城市矫正视力的村民们验光，开处方，在乡村淘宝上购置矫正眼镜。

在安徽的乡下，依视路的“爱眼大使”项目与在全国各地的活动同时铺开。农村交通不便，出行不便，老人们眼镜花了，看不清了，给劳作、生活带来很多不便。有些老人们眼睛看不清了，就胡乱点些眼药水，以为这样就可以解决问题了。“爱眼大使”给当地的小诊所备上了老花镜，把乡村医生、便利店小店主发展成为爱眼大使，通过他们，让很多老人们佩戴上了老花镜，村民们有了眼镜，眼睛看清了，手头的活计干起来轻松便利了；生活质量改善了；吃个头疼脑热的小药片也能看清楚使用说明书了，用药也安全放心了。如今，依视路更在“爱眼大使”的基础之上培育和打造“爱眼伙伴”网络，通过“爱眼伙伴”为偏远地区的人们提供包括验光配镜在内的全方位视光服务。

依视路的使命，不仅仅在于帮助人们“看见”一个清晰美好的世界，与此同时，也在为创造这个清晰美好的世界而不懈地努力开拓着。

改善视力，改善生活。——依视路的使命，在依视路人的心中，在依视路人的手里，在依视路人的脚下。山路、村野，他们在不懈地努力着，为着那个宏大的目标：在2050年之前，消除全世界视力不良重大社会问题。

[吕博士专家观察评语：企业公益如同是蜜蜂采蜜]

何毅对公益的看法，是将其比喻为蜜蜂采蜜。这个比喻很有趣，也非常的形象，它直观地道出了企业公益的基本逻辑，也从企业的经济属性和社会属性两方面阐述了企业公益的必然性。蜜蜂采蜜，虽是为了维持蜜蜂自己的生存，但蜜蜂在采蜜的过程中也传播了花粉，让整个生态健康起来。在做公益的过程中，依视路视力基金会发挥自己的专长，将爱心传递给来自贫穷地区的儿童，还提高了儿童自身对视觉健康的认知，让他们感受到外界的关爱，并在未来主动将爱心传递给他人；同时这也带动了生意伙伴积极参与公益，推动着行业的发展，大家一起营造良好的社会环境，解决一些重要的社会问题，最终促进社会的进步，提升社会的福祉。

使命植入人心融入经营

依视路中国区的高管弗朗索瓦（François）是个有着强烈公益心的法国人，他还说着标准的中文，甚至还会一点上海话。他很热爱中国，热爱自己的工作。他现在全身心投入的事情，就是在中国区宣讲企业使命，推广企业文化，促进员工的参与度，让企业使命、愿景、价值融入每一天的经营活动中，植根于每一位员工的心里。在视光领域里工作了很多年，他已经把依视路的使命当作了自己的使命，他已经成为了企业使命的大使。即便是在工作之外，他也时刻不忘带给身边的人“看得清晰的美好世界”。有一次在东南亚的度假中，他见到一位正在劳作中的当地老人很吃力地眯起眼睛来想看清楚手里的工具，就把自己戴着的一副装有依视路镜片的老花镜递给了老人，用手比画着问他：是不是看得清楚些啦？老人高兴地点点头，从口袋里取出了钱来，要交给弗朗索瓦。在弗朗索瓦的心里，每一位视力得到改善的人所获得的快乐，就是因自己的使命又一次变成现实的快乐，他继续用手比画着示意说，不用，不用，这是送给你的，戴着它干活就更安全更便利啦！

正如弗朗索瓦说的那样：La Mission，ça commence chez nous！使命从我们每一个人做起！

2018年，依视路在中国区推进企业使命的落地生根活动。在一次中国区管理层会议上，要求来自不同运营地的7位高级商务总监，以小视频和讲故事的方式，展示他们所在部门的各自对使命的理解，影片中的演员都是由来自这些运营地的员工们扮演。弗朗索瓦和同事们一起，认真地观看着这些由员工们自己采集事例、自己剪接编辑、自己设计制作的短片，他的眼睛里流出了因感动而抑制不住的泪水。

影片中，镜片似乎是使命的使者，它带着光亮，带着温暖，带着人间朴素而深情的爱，让每个得到它的人，获得了心灵和视光的幸福。这次会议已经过去一年多了，当弗朗索瓦再次谈起它的时候，他竟再次流下了抑制不住的泪水。当企业的使命深深地植根于员工的心里，成为他们自觉的行为，时时召唤着他们、感动着他们、激励着他们，这该是一股多么强大的力量啊！使命的价值，正是在每一个平凡的一天里，在每一个普通人的身上，无时无处不在地创造着美好，传递着光亮，形成不断推动企业前行和社会进步的力量。在创造经济价值的同时，创造推动社会进步，维护和谐生态的共享价值，这才是负责任运营和可持续发展的正路，这才是依视路的视光之路。

依视路在中国丹阳、深圳等地的合资工厂和业务部门多达31个，他们是依视路的合作伙伴，分散在全国各地，有着不同的背景和文化。把依视路的使命传递到与依视路有着不同文化的工厂里，并不是一件轻而易举的事情。这些精心制作的视频，起到了重要的传播作用。视频中的故事、场景和情感，辅之以内部的沟通会、座谈会、微信公众号，唤醒了工厂里的员工们的公益心。

弗朗索瓦讲述着一个又一个动人的故事，让人们心里燃起一盏盏使命的灯光。在这盏公益之火燃亮的光线里，有许多像弗朗索瓦一样的人，他们不知疲倦地讲着使命，不知疲倦地践行着使命，以他们的社会目标（Purpose）、社会情怀（Passion）、专业精神（Professional）给他们的身边带来温暖的光亮。这三个P乘积组成的P的三次方，形成了巨大的能量，让使命的光芒，在公益所覆盖的每一个角落，每一个人心田，永远照亮。

依视路使命创造了商业成功和社会福祉

随着社会的进步，企业正超越把利润作为唯一目标的传统理念，强调要在经营过程中对人的价值的关注，对自然环境、整个社会的贡献。企业在其战略决策、日常运营、谋求发展中越来越深层次地充分考量多重利益相关方诉求，将其对社会、环境造成的负面影响降至最低，创造经济、社会、环境三重效益；并在此过程中，自始至终地纳入利益相关方的参与和沟通。依视路的企业使命以及它的“使命驱动商务战略”，正是企业善商基因在不断进步中的社会里顺应历史潮流，向着可持续发展的方向演进。

企业社会责任和可持续发展专家吕建中博士对依视路的“使命驱动战略”做了如下分析。他认为，在企业社会责任（CSR）的实践中，企业通常会制定实质性议题（Materiality）和战略。实质性议题的确立是企业 CSR 战略中至关重要的一环。它通过系统地考量“利益相关方最关注的问题”与“对企业发展最重要的问题”，找出企业根据自身特点所应当承担的社会责任“切口”，有效合理地使用企业资源，创造社会、经济、环境价值，同时降低运营风险，创造平稳的运营环境。

依视路的镜片加工工艺中有个磨镜片的工序，在这个工序中，把毛坯镜片按着订制的规格磨成凸片和凹片，需要用到大量的水。通常，磨制一只镜片要消耗 7 公斤清水。依视路每年生产上亿只镜片，平均耗水 70 万吨。节约清水，保护水资源同样是追求可持续“美好世界”的社会诉求。依视路一方面生产让“每个人看到清晰的美好世界”的镜片，另一方面负责任地在生产中对水资源的利用采取环保措施，保护好这个美好的世界。

吕建中博士还特别强调，对于依视路而言，视力，这是一个关乎每一个人、每一个家庭、每一个社区的问题，这也是关乎人类美好生活的巨大挑战；这同时也是视光行业大有作为的市场空间。应对这一重大社会问题，在迎接挑战中，找到解决问题的方案，将企业自身所拥有的核心能力和资源，精准地靶定在改善人民视光获得美好生活的诉求上，引领视光行业可持续发展，这是依视路最高决策层深思熟虑的关键议题。依视路要拥有破解这一议题的担当，依视路的发展战略要站在这个面向商务—社会可持续生态的制高点上。

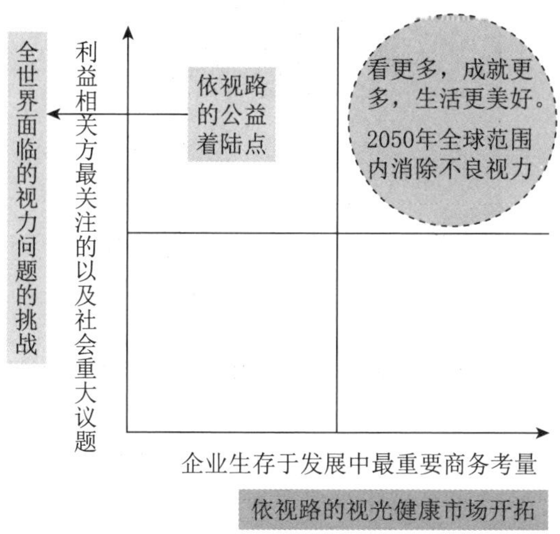

依视路使命引领下 CSR 公益实质性议题

中国的社会正发生着剧烈的变化。商务与科技，在改变着我们生活的同时，也在改变着商务赖以生存的社会。一方面，我们看到企业在深化 CSR 实践中，更为系统地制定策略，在这些策略中，企业公益的呈现方式也逐渐更清晰起来，如采用企业公益基金会、或与公益组织合作；另一方面，商务与公益的边界正迅速变得模糊，商业和科技力量以公益的形式进入解决社会问题的诸多领域，涌现出了众多社会创新、社会企业、影响力投资等，这些活动同时具有社会责任担当与公益改变社会的双重性。

公益与商务正在紧密地结合在一起，成为由 CSR 向可持续商务前进的有机组成部分。这一融合，有着强大的生长趋势，迅速扩大和蔓延。与此同时，CSR 也向着可持续发展延伸。如上图所示，公益在横纵两个方向上的扩展和蔓延，意味着用商务和科技力量解决社会问题将变得更为普遍，更加专业化。依视路的“使命驱动战略”走的正是这样一条光明而温暖之路。

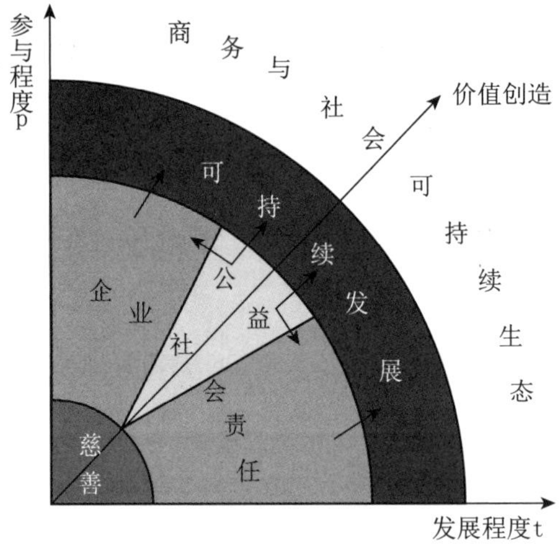

依视路使命驱动战略推动公益与商务的融合

一位知名企业的前董事长曾说过一句话：只有健康而可持续的社会，才有健康和可持续的商务（大意）。营造这个健康可持续的社会，企业有着不可回避的责任和义务。企业必须将商业和社会重新整合到一起，这是一种新的思维。在这个新的思维模式里，企业或商务，不再是独立于社会进步诉求和进步步伐之外的活动；CSR 也不再是不得不“对标”的自我保护和提升形象的需求；企业或商务是与社会共生、共存、共荣的“商务—社会生态”。

在这种思维模式中，哪个企业想破坏社会和环境，它就是在破坏其自身，因为它将这个共存的生态破坏了。相反，企业或商务活动在这个生态里创造的价值，就是共享价值。

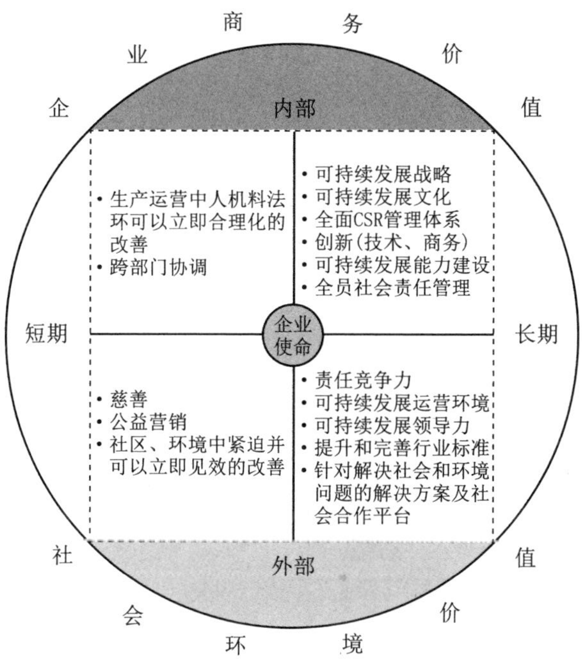

企业在“商务—社会生态”中

在这个生态里，创造共享价值不是公司为了品牌、形象的附加活动（Add-on），它将转化为企业本身的核心活动（Build-in）。

创造价值共享来自企业的生存与发展的“内生”需求，一方面激励企业主动地应对社会和环境挑战；另一方面也通过链接社会资源取得纵深的商业成功，同时推动社会进步，在创造经济价值的同时，创造出巨大的社会效益。

这个生态里，企业与社会有更强的依存度，社会创新和社会合作将会更加活跃，更加显性地创造价值。

[吕博士专家观察评语：建立可持续商务—社会生态]

依视路的使命实践，从根本上颠覆了很多企业仍在沿用的老旧思维套路。它不再把可持续发展作为企业商务战略规划和企业运行管理的“补充”（Add-on），它把企业的成长和业务的发展，建立在了建设一个更美好的社会基础上，并以此为出发点，以使命驱动商务战略，引领一切商务决策、经营活动、企业管理，及社会合作，创造共享价值的活动。这是在商务—社会生态中的CSR的系统、内生、整合运行模式。

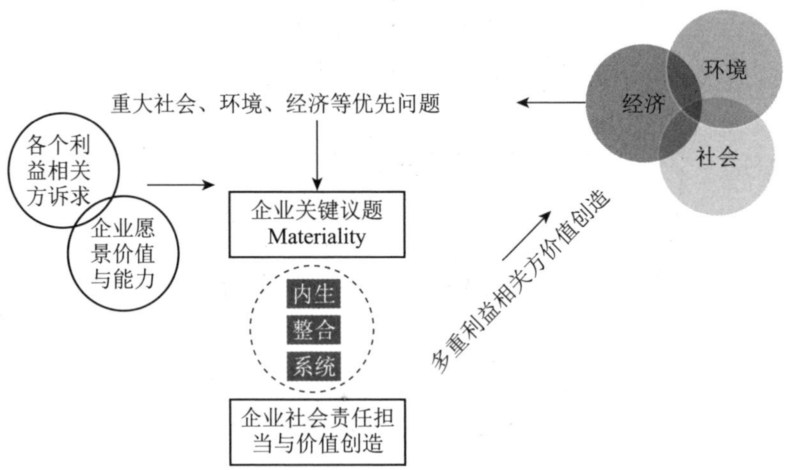

依视路的内生型、整合式、系统性 CSR 及公益实践范式

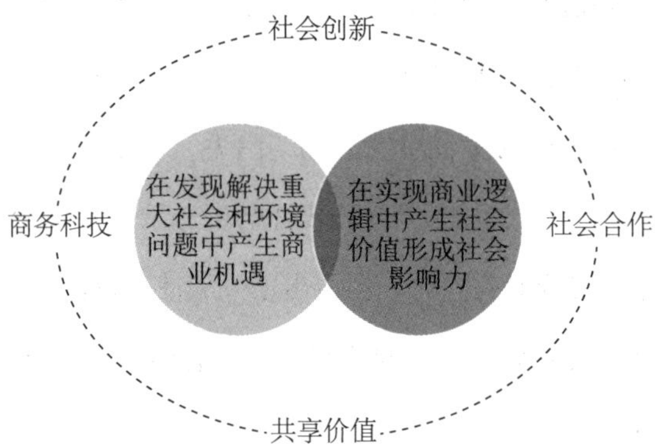

依视路的商务逻辑与社会价值

在这样的模式中，企业以新的思维模式来重新规划其可持续商务战略和社会责任的担当。从冯达磊，到孙余沛，到贾安思，到何毅、弗朗索瓦，每一位依视路的员工和合作伙伴，他们在依视路的使命感召下，为了“看更多、成就更多、生活更美好”这一依视路人独特的价值主张，不断努力着，不断以最优秀的产品合服务来满足社会的需要。其战略视野宏大，其关爱情怀细微。与此同时，依视路自身，也牢牢地把握住了价值创造的根本机会。在解决社会问题中产生商业机遇，在实现商业逻辑中形成社会价值。

从看见爱开始：吕建中博士对于依视路（中国）的深访

依视路公司在全球及中国的成功，源自自始至终对使命的坚持。曾经是上海依视路光学有限公司总裁何毅，把依视路在中国的发展与社会责任的担当链接在了一起。何毅一方面在打开中国市场这一艰巨的开拓性工作中抱着坚毅的必胜信心，努力耕耘，另一方面潜心分析和研究制约这一市场健康发展的因素。他发现，中国老百姓对视觉健康的认知、自觉意识实在是太薄弱了；青少年近视眼疾病几乎进入了“泛滥成灾”的状态；甚至有些才 1 岁半大小的孩子，在还没有学会说话之前，已经会摆弄手机而全然不知保护视力。有一次何毅来到上海某重点中学，在高三的一个班级教室里，他看到班里的同学们没有一个近视眼，何毅心里特别欣慰，可随后班主任地告诉他的一句话，令他大跌眼镜，内心凄苦。老师说：大部分的同学都是近视眼，几乎都戴了隐形眼镜。

在何毅的心里，有一种紧迫的焦灼，他为中国社会如此缺乏视光健康意识而焦灼。他开始四方奔走，宣传视力健康对安全、社会和未来的重要性；告诉人们视觉健康正威胁着青少年；探寻解决方法和寻找社会合作方。

何毅意识到，专业的事情需要专业的人来做，公益也不例外。2012 年，在何毅和冯达磊先生分别拿出 40 万元人民币和 5 万欧元启动了“看见爱”公益项目后，朱家骢将一位叫龚祎的资深公益人介绍给了何毅。龚祎自己曾因眼部疾病而不得不接受手术治疗。康复之后，她立志投身于视力健康领域，帮助更多的人。

朱家骢很快安排何毅和龚祎见面了。两个人对视力健康有着共同的担忧。当何毅聊起他在全国各地出差时看到的视力健康现状、在重点中学高三班的现场感触、偏远地区缺乏视觉矫正的机会，一股脑儿讲给龚祎听的时候，她从何毅的目光中感受到了在他内心深处的焦灼和深切的社会情怀。何毅激动地说着，龚祎认真地听着，在这两个人的心里，一幅未来视力健康蓝图的雏形已经勾勒出来。何毅越说情绪越激昂，他喝了口水，顿了顿，说我们可以一起努力，通过改变社会认知，建立规范的服务体系，一定能改变现状。我们所做的，是为了更多的人健康、为了所有人的权利、为了社会和国家的未来。龚祎被何毅的话深深地打动了。在她的心里，有着同样的憧憬和信念，那就是让所有的人，特别是担负着祖国未来的青少年们都知道视力健康，都获得视力健康，因为她深信，视力健康关系到每个人的生活品质和生命质量，影响着我们生活的方方面面，它应当是每个人的责任，也是每个企业和组织的责任。

就这样，“看见爱”作为一颗充满爱心的种子，在 2012 年的春天长出了萌芽，依视路的公益探索进入了与专业公益组织合作，以专业技能和方法有效地开展公益事业的新阶段。龚祎全身心投入，负责日常的运转和发展。“看见爱”也逐渐发展成为一个社会化公益平台。

2014 年 5 月，“看见爱”和陆逊梯卡集团旗下的亮视点合作，在中国区发起动员员工和合作伙伴们为草原牧民保护眼睛，捐赠或认捐太阳镜的活动。这一活动得到了员工、合作方、顾客和社会各界热烈响应，除了客户员工捐赠的 600 余副太阳镜之外，甚至意外获得某银行的员工捐赠给青海牧民的太阳镜，共 10 副。时任亮视点大中华区首席执行官的安雅（Anthea Muir）认捐后发表感言：“这是一个非常好的活动，我非常希望我们大家都可以去帮助牧民们，捐献或认捐闲置的太阳镜，让牧民们免受紫外线的伤害。”员工们在捐赠后纷纷在社交媒体上留言：

Jason Cheng- 北区：“收集到来自他朋友捐赠的太阳镜，来自香港同事的捐赠。很赞！”

Alex Lee（HK）：“希望一份心意可以帮助到你们改变一生。”

Jack Wong（HK）：“远方的朋友，愿你生活愉快。我们来一个拥抱吧。”

钱晓燕（苏州门店的认捐感言）：“虽然那个地方离我很远，但能为你们带去我的帮助，我感到非常开心，希望太阳镜能为你们遮挡紫外线，留下永远的开心、快乐。”

秦雯：“通过每个人的善心善举，让牧民感受爱，看见爱，我希望还能再次看见那片美丽的高原，淳朴的人民。”

时函函：“希望一份心意能带给你们眼睛的健康。”

甘雨：“可以通过这副眼镜，让牧民有一双健康的眼睛。”

Cindy Cai：“让您看见的如青海蓝天一般清澈。”

Janet Chen：“尽心享受大自然，看见世界的爱。”

Jennifer Jiang：“关爱你的眼镜，让心灵的窗户更明亮。”

Jinnei：“祝生活幸福。”

“看见爱”这棵公益的萌芽茁壮成长，在龚祎的领导下开始开花结果。2019 年的 5 月，“看见爱”宝贝计划走进上海复旦大学附属幼儿园与上海松江蓝蜗牛幼儿园。“看见爱”的讲师和热心致力于视力健康的志愿者们，带着他们的真挚关爱，为 236 位学龄前的小朋友带来了爱眼护眼小课堂。生动、有趣的内容，深深地吸引了小孩子们的眼球儿；活泼、互动的方式，让孩子们在参与和体验中得到了知识。

“世界实在太奇妙，小小眼睛太重要！”

“看见世界看见爱，二！零！二！零！”

孩子们和讲师、志愿者们一起唱着充满童趣、赋予知识的小歌谣。

打开“看见爱”的公众号，在一枚红色圆底上有个鲜明的“爱和 Eyes”（眼睛）组成的图案下，也有一行温暖的字：看见爱，深刻知道视觉健康与安全的重要性，以唤醒公众对生命品质的珍惜为公益愿景，鼓励更多的志愿者参与视力健康工艺传播性行动。

6 年多的时间一晃过去了，当年的萌芽，已经开花结果。视光之路，一路走来，越来越光明。依视路和“看见爱”公益组织手牵手、肩并肩，在视光健康这个仍被荒置的田野里，辛勤劳作，从未辍耕。到今天，“看见爱”已经在 15 个省市，培训近 8000 人次志愿者，走进千所小学幼儿园和社区开展公益活动，服务了近 20 万名 8 岁以下低龄儿童及其家庭。

公益，带着爱，让那些需要帮助的人得到了爱，让那些有着共同爱的情怀的人们，发现了爱。这两股爱的暖流汇聚在一起，让我们的世界，我们生活的空间，变得无比明亮。视光，不仅仅是物理的光亮，它更是心灵的光芒。

随着社会进步，用商务力量和科技创新来解决社会问题，正形成新的企业社会责任于社会公义的融合点。企业在解决社会问题当中不断发现商业机会，企业和社会的合作，在不断实现商务逻辑的进程中，为社会进步、环境和谐，创造出经济、社会、环境多重效益，回馈社会，给利益相关方带来价值。这是可持续发展的光明之路。

2015 年起，依视路开始在中国系统化地开展与视觉健康相关的公益项目，此后多次在中国公益慈善领域最具影响力之一的盛事——中国公益节上获评年度公益践行奖和年度责任品牌奖，“Eye Do”青少年视力健康公益计划（项目）获评 2015 年度公益项目奖。2016年9月，上海依视路视力健康基金会（简称“依视路基金会”）正式成立，依视路的公益实践，赢得了社会的认同，也吸引了商学院对这一实践的研究兴趣。中欧商学院为此专门撰写了一篇依视路的案例，我们来看看这篇案例的感人文字。

翻山越岭，让贫困儿童看到更清晰的世界

——中欧商学院依视路案例

作者：岳顶军

成立至今170年时间，依视路集团（Essilor Group）始终秉持“改善视力，改善生活”（Improving lives by improving sight）的使命，针对用户个性化需求提供定制化的镜片服务，以帮助他们看到更清晰的世界，拥有更美好的生活。发展过程中，依视路集团高度重视企业社会责任，是法国CAC40指数40家上市公司中率先将企业社会责任委员会纳入董事会的企业。企业社会责任委员会由一位独立董事负责，董事长也是成员之一。该委员会的主要职责，就是评估集团经营活动的经济影响和社会影响，保证集团沿着可持续发展的战略路径前进。

上海依视路视力健康基金会是依视路集团在中国进行公益慈善活动的主体，成立

之初，就致力于汇聚全社会的爱心和专业力量，搭建一个开放的视觉健康公益平台，通过和社会各方合作，消除贫困人群的视力不良问题，让他们的生活因此得以改善。

“商人和企业家的一个很大的区别是商人以赚钱为主，企业家则会兼顾社会责任。对社会责任的重视程度和践行力度，是衡量一个人是商人还是企业家的重要标尺。”

——中欧 CEO 校友、依视路（中国）投资有限公司主席　何毅

2018 年初，山西兴县疙瘩上乡中心校的校长得知了一个消息：上海依视路视力健康基金会和兴县人民医院的医生团队将免费给学校的孩子们验光配镜。

一开始，校长对这个消息持怀疑态度，毕竟自己的学校只有 53 名学生，位置又十分偏僻，从县城开车走山路要近三个小时才能到达，谁会为了这些孩子翻山越岭而来呢？但是，他又怀有期待，因为这群孩子太需要被关爱了：疙瘩上乡封闭贫穷，孩子们的成长环境大多较差。拿混合班的 13 名学生来说，他们几乎都是留守儿童，父母一方去世或者出走，而另一方则外出打工或再娶再嫁，组成新的家庭后便不再回来，孩子跟随年迈的爷爷奶奶或外公外婆生活。在这样的情况下，孩子们很难得到应有的照料，即便存在健康问题也往往会被家长们忽视。而视力问题，是长期困扰着孩子们的一大难题……

2018 年 5 月 24 日，上海依视路视力健康基金会的工作人员和县医院的医生团队如约到达了疙瘩上乡中心校，狭小而简陋的教室里顿时热闹了起来。孩子们排着队等待接受视力检查，并开心地和工作人员们聊天。最终经过县人民医院眼科医生的筛查和验光，疙瘩上乡中心校有 8 个孩子需要佩戴眼镜来矫正视力，基金会为这群孩子捐赠了公益眼镜。而对于一些有斜视、弱视等视力问题的孩子，医生们也建议老师联系家长，让家长带领孩子们到县医院做进一步的检查。

疙瘩上乡中心校是上海依视路视力健康基金会兴县“睛彩视界”公益项目覆盖的最后两所学校之一。“睛彩视界”公益项目在 2017 年 3 月启动后，经过一年零两个月，为兴县全县 41 所中小学共计 2.3 万名在校学生提供了全面的视力筛查，并为

其中 6500 名近视学生免费配镜，这也是山西省首个覆盖全县青少年群体的视力健康公益项目。通过对兴县这样一个经济落后地区的青少年儿童进行视觉健康教育、视力筛查和验光配镜，上海依视路视力健康基金会让孩子们走出模糊，拥有一个更清晰的世界，从而履行自己“改善视力，改善生活”的使命。

基金会成立的初心：缓解中国的“国病”

眼睛是人体最重要的导航系统，超过 80% 的外部信息是通过眼睛接收的。视力问题若不能及时矫正，会产生一系列不利影响。在新加坡，每年因 40 岁以上的成年人患有近视而造成的经济损失总额约 7.55 亿美元 ①；在美国，每年因屈光不正（包括近视、远视、散光）造成的经济损失超过 161 亿美元 ②；在全球范围内，每年因员工未矫正屈光不正而造成的经济损失估计高达 2720 亿美元 ③。

据 VII 视力影响研究院估计，全球共有 46 亿人存在不同程度的视力问题，其中有 25 亿由于生活在贫困地区，卫生条件和经济条件有限，视力问题并不能得到及时有效的矫正。通过非商业手段为这些人提供帮助，改善他们的视力，从而改善他们的生活，是依视路集团的使命之一。为此，依视路集团自 2008 年起相继在美国、印度、新加坡、加拿大等国成立了依视路视力基金会。

在中国，视力问题更为严重：5 岁以上的人口中每 3 个人就有 1 个患有近视。如果不加以控制，到 2020 年中国近视人口将达到 7 亿 ④。

目前，中国患有近视的儿童已近 4000 万人，其中 3000 万生活在农村，且尚未得到必要的矫正 ⑤。如何让更多中国贫困地区青少年儿童的视力问题得以改善，成

---

① Zhing YF 等：《眼科学研究和视觉科学》，2013 年，54（11），7532—7537。

②③ Frick TR、Holden BA、Wilson DA 等：《世界卫生组织通报》，2012 年，doi：10.2471/BLT.12.104034。

④⑤ 李玲：《国民视觉健康报告》，北京大学出版社 2016 年版。

为了依视路的关注点之一。当时，国内的政策环境不太鼓励外资基金会。所以，依视路视力基金会选择和国内老牌的上海宋庆龄基金会合作，在上海宋庆龄基金会下设立企业专项基金，即上海宋庆龄基金会——依视路慈善基金。2014 年 9 月，基金正式成立。在谈及基金的成立初衷时，中欧 CEO 校友、依视路（中国）投资有限公司主席何毅说："作为全球最大的视光企业之一，依视路肩负着自己的社会责任，始终致力于公益事业。改善国人的视力损害问题任重道远，而弱势群体更需要得到社会长期的关注和关爱……希望越来越多的人都能看到一个清晰而美好的新世界。"

成立之后，上海宋庆龄基金会——依视路慈善基金开始在中国开展与视力健康相关的公益慈善活动。2016 年 9 月，经上海市民政局批准，上海依视路视力健康基金会正式成立。

汇聚全社会爱心和力量，打造开放公益平台

慈善基金成立之初，依视路便决定将其打造成为一个开放的视觉健康公益平台，通过和社会各方合作，汇聚全社会的爱心和专业力量，消除贫困人群的视力不良问题，让他们的生活因此得以改善。

2015 年初，基于相同的愿景，慈善基金和"点亮眼睛"公益组织合作，共同在云南省开展视觉健康公益计划。2015 年 4 月，"点亮眼睛"公益计划走进云南香格里拉，为全县近 50 所义务教育阶段的中小学生开展视觉健康促进项目，通过为学校培养爱眼大使，指导爱眼大使们组织学校视力健康讲座和视力初筛，并组织医生进入学校提供专业验光、配镜，为藏区孩子提供全面的视力问题解决方案。2015 年 9 月至 2018 年 12 月，"点亮眼睛"公益计划走进云南省保山市龙陵县和盈江县，为全县 253 所学校 1 至 9 年级的学生提供免费的视力检查和矫正视力的眼镜，并给予他们相关的护眼知识培训。截至 2018 年底，云南"点亮眼睛"公益计划已在云南 300 多所

中小学校开展项目，累计为超过 13 万名学生提供视力筛查，并为其中超过 18000 名需要视力矫正的学生免费配镜。

2015 年 4 月，慈善基金与湖南爱眼公益基金会共同发起了 Eye Do 青少年视力健康公益计划。“Eye Do” 音同 “I Do”（我愿意），寓意每一个参与方都能在这个项目平台上为 “Eye（眼睛）” 贡献力量，用爱改变视界。该公益计划自发起之日起，已连续四年在全国范围开展项目。2015 年，该公益计划在上海、湖南湘西和湘潭三个地区开展；2016 年，走进山西太原、广西南宁；上海依视路视力健康基金会正式成立后，该公益计划的范围亦随之扩大，2017 年项目覆盖了五省六地，即山西大同、黑龙江哈尔滨、山东烟台、湖南永州和益阳、湖北宜昌；2018 年新增云南红河、辽宁抚顺、广西贵港、陕西西安、吉林长春等地区。截至 2018 年底，Eye Do 青少年视力健康公益计划累计为 11 个地区超过 80 万名学生提供视力筛查，并为其中近 40000 名学生进行免费验光和配镜。

2016 年 6 月，慈善基金联合王鹏眼镜、吉林手机报共同发起了 “点亮眼睛 · 让爱远行” 青少年视力健康公益系列活动。2016 年 6 月，“点亮眼睛 · 让爱远行” 系列公益计划第一站 “云南腊勐行” 正式开启，为国家级贫困县云南省龙陵县腊勐乡中心小学学生和周边四个学校的教师做视力筛查和免费配镜；2017 年 6 月，“点亮眼睛 · 让爱远行” 迎来了第二次公益计划 “点亮眼睛 · 让爱远行吉林靖宇行”，为吉林靖宇县第三中学和靖宇县明德小学开展视力普查、爱眼护眼知识培训和免费配镜；2017 年 12 月，第三次系列公益计划之 “点亮眼睛 · 让爱远行农安行” 正式开始，为农安县开安镇近 2000 名学生做视力健康检查，并为需要进行视力矫正的学生免费验光和配镜。截至 2017 年底，“点亮眼睛 · 让爱远行” 青少年视力健康公益行共计开展 3 次活动，1 次回访，累计为 4100 多名学生提供眼健康检查，并为其中近 1000 名学生免费验光、配镜。

除以上项目外，上海依视路视力健康基金会还先后和星创视界（宝岛眼镜）共同发起 “看见视界 · 邂逅未来” 青少年视力健康公益行项目，和中国人民对外友好协会、兴县人民政府共同发起兴县“睛彩视界”青少年视力健康公益项目，和河南省平顶山市宝丰县人民政府及河南省宝视达视觉健康科技有限公司共同发起平顶山市儿童视觉健康公益项目……

据上海依视路视力健康基金会秘书长朱家骢介绍，到2018年末，上海依视路视力健康基金会已经为国内超过100万名贫困学生提供了免费视力检查服务，并为其中超过10万名学生赠送了眼镜。朱家骢说：“面对中国如此巨大的视力健康挑战，任何一家公司或公益组织的力量都是有限的，影响也很有限。只有通过联合志同道合的伙伴，汇聚社会各方的力量，我们才能更快速地推动贫困地区儿童视力问题的改善。”

不断尝试，进行公益活动的本土化探索

通过以上项目我们可以发现，上海依视路视力健康基金会所推动的大部分公益项目都是慈善性质的项目，即免费验光配镜并进行视力健康知识的宣传。

依视路在中国以外还在尝试一些不同的做法。在印度，依视路的使命主要是以社会企业的形式来实现的。依视路2.5新视代公司就是这样一家社会企业，它研发和生产了一系列便于装配的老花镜，然后到农村地区招募一些失业的年轻人，对他们进行培训，教他们如何给老年人验光配镜。学会之后他们就可以带着这些老花镜和验光设备到农村去帮助老人配镜。通过这样的模式，一方面让农村的老年人以很低的价格配到了合适的老花镜，另一方面让失业的年轻人实现就业，获得一定的收入。这是一个更具有可持续性的公益模型。何毅认为，依视路在中印两国所采取的做法不同，和两国的经济发展水平存在差距有关。中国的经济发展水平更高，目前社会企业的模式尚不成熟，而基金会的形式更符合中国的国情。

不过，在公益的可持续性方面，上海依视路视力健康基金会也已开始进行相关的探索。传统的公益项目模式主要是组织专业人员，携带仪器设备前往项目地开展

验光配镜活动，这能及时地发现问题并予以解决，但很难在一个地方持续运作下去。因此，上海依视路视力健康基金会希望让当地人参与进来，并有能力使项目持续下去，真正从授人以鱼转变为授人以渔。云南省保山市龙陵县视光中心项目便是一次有益探索。在上海依视路视力健康基金会的支持下，县医院设立了“视光中心”，对全县居民开放，并提供有偿但低于市场价格的验光配镜服务，从而使视光中心本身具备“造血功能”，有能力继续为农村学生提供公益性支持，包括100元以内的特惠眼镜及为部分贫困家庭的农村学生免费赠镜，实现视力保护项目的可持续运作。

山西兴县“睛彩视界”青少年视力健康公益项目同样延续了“视光中心”这一做法。对于需要佩戴眼镜进行视力矫正的同学，基金会免费为其配镜。同时，基金会还出资、捐赠设备并提供专业培训，在县医院里设立了“视光中心”。根据基金会和医院双方签订的协议，这个视光中心可以有偿服务全县人民，但每年必须拿出一部分利润用于给贫困地区的孩子们免费检测视力并赠送一定数量的眼镜，因为孩子们的眼镜度数每半年到一年会发生变化。通过这样的方式，保证了孩子们能持续享受专业的视觉健康服务。

实际上，引入企业和公益合作伙伴也是上海依视路视力健康基金会的本土化实践之一。拿验光配镜来说，在国外，验光师、眼科医生等都是独立职业，自己开有诊所。由于公益文化发达，他们平时就会主动参与到公益慈善事业中。但在国内，所有的验光师或眼科医生都受雇于眼镜店或者医院。在这种情况下，要想调动社会资源，就必须和眼镜零售店及专业的眼科医院展开合作。一些眼镜零售店和眼科医院会以捐赠专业服务的形式，派遣专业人员并租借专业设备给基金会，基金会则负责项目管理，并提供镜片和视觉健康知识的培训等。两者优势互补，结合起来就能更有效地开展公益项目。目前，包括爱尔眼科医院集团、普瑞眼科医院集团、宝岛眼镜、王鹏眼镜等都是上海依视路视力健康基金会的企业合作伙伴。

除企业合作伙伴外，基金会还引入了其他公益合作伙伴，如前面提及的上海宋庆龄基金会、湖南爱眼公益基金会、“点亮眼睛”公益组织等。“这种引入不同的合作伙伴，让公益项目在多地迅速落地开花的做法，在国外比较少见。”朱家骢如是说。

做一家“蜜蜂型”的企业，造福社会

目前，上海依视路视力健康基金会所做的公益项目都与视觉健康领域有关。究其原因，为儿童验光配镜存在一定的技术和知识门槛，需要专业验光，测量瞳高瞳距，细细打磨镜片，每一副眼镜都是真正的个人定制。市场上能持续大规模地做儿童验光配镜的公益机构并不多，而这正是依视路所擅长的领域。朱家骢说：“专业的人做专业的事。矫正屈光不正是依视路的专长，我们义不容辞，更应该聚焦于此。”

在依视路，关于企业公益有一个比喻是做公益就像蜜蜂采蜜，这虽是为了维持蜜蜂自己的生存，但蜜蜂在采蜜的过程中也传播了花粉，让整个生态健康起来。在做公益的过程中，上海依视路视力健康基金会发挥自己的专长，将爱心传递给来自贫穷地区的儿童，让他们感受到外界的关爱，并在未来主动将爱心传递给他人；同时，这也带动了生意伙伴积极参与公益，大家一起营造良好的社会环境，解决一些重要的社会问题，最终促进社会的进步，提升社会的福祉。这样一个健康的生态环境一旦形成，所有的人都会提高对视觉健康重要性的认识，依视路的核心业务也就可以有更大的可持续的发展。

在做公益项目过程中，基金会的工作人员常常会和学生们互动，请他们在卡片上写下自己的梦想。朱家骢发现，百分之七八十的学生都会写自己将来想做老师或医生。她说：“他们有一种自发的感恩之心，觉得自己当前受到了来自外界的帮助和关怀，以后也要帮助别人，这是爱心的传递，其意义比视力矫正更为深远。”

蜜蜂酿蜜是一个艰辛而长期的过程，上海依视路视力健康基金会的公益之路亦是如此。“我们还处在摸索阶段。虽然取得了一些成绩，但在模式的探索上还有很多工作要做。”在总结和回顾上海依视路视力健康基金会过去几年的工作时，何毅如此评价。

上海依视路视力健康基金会已经摸索出了几种公益模式：一是传统的慈善捐赠模式，免费验光配镜，这一模式已经日臻成熟；二是可持续的视光中心模式，这一模式也已有了一些探索和尝试；三是公益合作模式，上海依视路视力健康基金会未来还将引入更多的合作伙伴；四是社会企业模式，在这方面未来将加速发力。这几种模式未来是有所有限侧重还是平衡发展，还有待接下来的尝试和摸索。

“中国目前有近 6 亿人存在各种各样的视力问题，但是他们还没有戴上眼镜，这是一个巨大的市场。国家主席习近平也指示，要共同呵护好孩子的眼睛，让他们拥有一个光明的未来。我们将加速在公益模式方面的探索，相信在社会各界的共同关注和参与下，我们能汇聚更多的人力、财力和物力，在更大范围内改善人们的视力，提高他们的生活质量。”何毅如是说。

尾 声

一些制胜小秘诀

经过很多人共同的努力，依视路在中国开辟的“视光之路”走过了24年的路程。其中，对于本集团优秀技术和企业文化的传承，并融合入中国市场本土化的进程，是其持续稳健发展的重要支点。而强大的使命，是鼓舞每个依视路人为这个“大家庭”付出时间、心血与爱的持续动力的根本原因。

其间有起伏跌宕，但总体上来看，这条“视光之路”犹如破土之竹，以一种锐不可当的成长势头，不断精进向上。对于一项基业长青的事业而言，24年也许只是一个开端，而对于风云莫测的大市场环境而言，24年的成长之路值得令人赞叹其阶段性的成功。

成功不可复制，但可以总结。尤其在商业世界里，每一刻都不可掉以轻心，一时的荣耀，可能到下一时就变成低谷。在这里，没有绝对的成功，只有持续的努力和探索。在对依视路各条战线上的代表人物历时半年的访谈、讨论、琢磨之后，专家们为依视路在中国24年“视光之路”的成功路径提炼出以下8个制胜小秘诀，供持续研究、扬长避短，也为更多后起之秀们立鉴：

1. 使命引领商业，品牌融合公益

能让大家稳定长久地团结在一起，光是为了各自眼前利益显然不足以长久维持。因为让人人“改善视力、改善生活”的美好愿景与使命，使不同阶段接触到“依视路”的人们为之付出各自的时间、精力和心力。从而使“依视路”这样一个以工程师合作社为基因的品牌逐日成长，令每一个见证并陪伴其成长的人宾至如归，不忍轻易舍弃。而持之以恒的公益活动，使大家共同的使命可以落地，化为贫困山区里、需要帮助的人群里，那些孩子们验光后的笑容、有视光健康问题的人们得到有效解决后的动容，使得大家集体的努力产生真正的社会价值。

2. 大格局培育大市场

依视路的“培训”体系，某种程度上比营销所能带来的影响更大，在行业内第一个建立专业视光培训学校万里路学校，为行业培养可持续输送的技能型人才，同时潜移默化地提高整个社会对视光健康的认知和重视。突破“卖眼镜就是卖小商品”的成见和局限，以更大的格局来耕耘更大的市场。

3. 持续性的 B2B2C（企业到企业到大众端）模式，以及多品牌多渠道的战略

虽然本质上依视路是为各大眼镜商店提供镜片的生产商，然而品牌化的方式服务好 B 端企业的同时，也令更多 C 端大众客户了解到“依视路”的优秀品质，使其作为消费的质量保证，从来可以长期并深度地占领市场心智。同时多品牌、多渠道的战略，可以保证从市场的高维到中低维逐阶渗透，以更大范围地触达方方面面的客户群。

4. 具有预见性的产品投放

依视路不仅能够实时地抓住市场的需求，还有能预见市场的需求，尤其是中国市场的一个个细分市场。然后根据需求来适时推出相应的产品。比如说“好学生”系列、“抗疲劳”系列都是典型的成功案例，针对中国市场的特殊市场需求，以卓越的产品研发和创新能力来精准满足。这不仅是做对产品的问题，也是通过对的产品

来提升整体消费者对视光行业的认知度。如果大家通过一个好的满足需求的产品都来讲这个话题，那么整体的市场氛围就起来了。与此同时，要确保提供一个大众消费者可以接受的价格。

5. 技术创新和稳健的生产力

能把握到市场的脉搏，甚至是市场需求的预见力之外，还必须要有强大的科研创新能力来创造、生产出领先于市场的优质产品。这些离不开依视路长期以来对于R&D的投入与持之以恒的创新精神。相配套的生产产能，比如首屈一指的松江工厂都是产品可以大力进军市场的强大支撑。

6. 永远客户第一的服务宗旨

依视路在服务上不管是硬件还是软件向来都把客户的利益放在第一位，并且不断突破。从一开始就强调“定制片”，定制片就是为每个客人的特殊需求考虑来专门打磨的。后来专做“定制片”的车房从独立厂房，一步步扩增，现在合并到松江国际化的一流厂区，这些步骤都走得很对，差不多那个阶段就已经全面赶超竞争对手了。又比如2009年，为“亮视点”提供的个性化后台服务，都是以贴近消费者体验为中心的，保持和客户们的紧密联系。

7. 先进的销售管理系统

在培训体系的基础上，升华代理商管理中的Distribution Management System（DMS）系统，管理系统做得比较领先。代理商团队的建设通过万里路学校顾问团队，帮助其发展。培训架构体系化形成产品培训—销售技能培训—管理咨询，层层递进的上升阶梯，最后形成一个综合性的对于商店提升它运营质量的这样一个项目，也是一个非常全面的培训教育体系。

8. 稳定的管理层

可以看到依视路的管理层，基本上都将各自长年的职业生涯贡献给了“视光健康”事业。管理层的稳定为“依视路”茁壮成长建立坚实的团队基础。不论是对客户、还是对竞争对手，依视路的管理团队一直很稳定，因为在中国的市场环境里，强人际关系是个显著的特点，必须要跟对方建立一种信任，信任的建立是需要花很长的时间的，才能够让对方接纳你、信任你，然后才可以一起成长。依视路的文化在几代管理者的手中代代传承，这一点做得非常好，也是很关键的。同时，在这过程中，稳定的领导层，也给到团队足够的信任以及相对宽松、人性化的管理环境，从而激发出团队里每个个体本身的内在自驱力。

[吕博士专家观察评语：登上制高点，高瞻远瞩]

依视路的成功之根本原因，在于其站在了“改善视力，改善生活”这一企业使命的制高点。它具有鲜明的社会价值诉求，这一诉求将价值链上的各个利益相关方连接起来，形成了在创造经济价值的同时创造社会价值的融合空间，从而使价值得以传递、分享、放大。它也为依视路的创新活动找到了与社会发展中人们对生活质量需求日益提升的结合点。“改善视力，改善生活”本身带有公益性，同时也为依视路的品牌注入的社会福祉的内涵，使得依视路品牌更具亲和力和影响力。

最难的是人，最重要的也是人

2019年巴黎的春天，阳光清朗。何毅夫妇受邀来到冯达磊夫妇的家中以下午茶的形式小聚。下午茶在冯达磊夫妇位于十六区的公寓内，会客厅的中间位置摆有一艘船舰模型，不知是否因为冯达磊的故乡位于法国西部布列塔尼半岛的缘故，但有一点是肯定的，这是一个敢于冒险、不惧风浪，且愈挫愈勇的船长式人物。这也许注定了他在20多年前与何毅的一见如故，正在假期中的他放下同行的家人，即刻转赴香港为了一场关键的“面试”，正如一位经验丰富的船长对于海洋天气直觉性的判断：一个对的且重要的战将即将登船。

二十余年的并肩共战、披荆斩棘，使这两家情同手足，冯达磊曾掏出手机展示他的联系人名单，第一位是他的妻子，后面依次排序为他的三个女儿，第五位的名字便是He Yi。这是一种深度的信任关系，可以想象彼此间经历了时间、事件等磨砺的考验。何毅精通法国文化，同时有着对中国市场深切的理解和爱，他的思考和决定必然从适应中国市场环境出发，同时紧紧瞄准集团的利益，但是有的时候却不一定马上能被法国集团的同事们理解，“好学生”的案例就是个典型的例子。这个时候，在决策里能体现的唯有“信任”的力量。冯达磊说道：“我相信何毅基于中国市场理解后的判断，也相信他会为集团利益考虑，所以我愿意顶着压力支持他。当然，他也从不让我失望。”山外有山，当面对如此宽宏的气魄和胸怀，才更深刻地理解何毅卓越又气度不凡的商业管理才能；高山流水，因有大地无垠，所以成就大好河山。

二十余年对于一个人的职业生涯不算小数字，这个过程中何毅也曾经历打磨、诱惑与扎实的成长，以及之后的成就。这过程中，幸得冯达磊润物细无声式的感化与支持。曾经有一次，法国一家大型银行集团向何毅抛出了橄榄枝，坦率说这家集团的规模要比依视路大好多，何毅不免心动起来。冯达磊获悉后，不久便邀请何毅共进午餐，选址在一家优雅的米其林法式餐厅。当何毅步入餐厅的时候，发现那家向他邀职的银行总裁也在座，原来冯达磊以朋友身份也邀请他一起午餐。席间，大家谈时事、聊天下，有关该银行想请何毅离开依视路去他们集团高就的事情，冯达磊只字未提，只是以真诚和热情向这位先生展示了他对何毅的重视、欣赏和爱护。事后，何毅不禁细细反思，天下看似光艳的职位和实力雄厚的公司很多，但一位由衷欣赏你、支持你并在乎你的上司不多。想到自己工作中，甚至生活上，冯达磊曾给予超越了普通上下级般的友谊，之后，他更加专心和用心地投入到依视路在中国的成长建设之中。

事实证明，天道酬勤，天下自有其公平。经过长期不懈地努力，何毅为依视路在中国开辟的“视光之路”，也是一座连接法国与中国经济和文化的桥梁，其卓越瞩目的成果，令何毅在2014年获得法兰西骑士勋章。

下午茶的最后，当冯达磊回想他整个职业生涯中遇到的最大的困难时，他思忖半晌，说道：“最难的是人，最重要的也是人。”对于依视路在中国的发展而言，能够识到何毅这个人才，并且在两种跨文化维度之间，建立起彼此的信任、默契，甚至是超越了公司同事的家人般的友谊，可以说是一种难得的幸运，然而细想一下，天底下没有无缘无故的幸运，这样珍贵的情谊该建立在怎样勇敢、真挚、智慧和博大的灵魂之间。

随公司成长，与公司共荣

何毅在法兰西骑士勋章授勋仪式上的致谢辞（节选）

这枚国家荣誉骑士勋章，凝聚了我20多年企业工作的风风雨雨。但是一定要告诉大家，当初，如果没有我夫人的鼎力支持，如果没有我父母把他们的价值观和对工作的热情精神传递给我，这一切都是不可能的。所以，在这里，我要将这份荣誉奉献给他们，以表示我激动的心情和感恩之情。我与夫人相识40年，她是我去北京外国语大学报道时遇到的第一个人，感谢上苍，真是缘分呀！

我还要感谢依视路，尤其要感谢集团近10000名在中国工作的同事和员工们，没有他们，这一切也是不可能的。正是因为这个原因，我要借此机会表达我向他们的致意和他们一起分享这份荣誉。

我特别想感谢两名依视路人。他们是Xavier Fontanet和Patrick Cherrier先生。很遗憾，他们二人因工作原因今晚无法前来。但他们的专业才华以及对工作的执着精神陪伴我度过了我在依视路的日日夜夜。没有他们两人，我今天可能也不会站在这里。

Patrick 是我的顶头上司，多少年来一直如此。是他发现了我，据他后来讲是在法国《挑战》杂志上发现的，一本很受欢迎的经济管理类杂志。Patrick 是一个令人称奇的人，在工作上浑身有使不完的劲儿。他负责的 AMERA 区域覆盖了大半个地球，从俄罗斯到南非，整个亚洲，中东和非洲。他是全集团飞行冠军，你们知道我一年要飞 20—30 万公里，他飞得比我多多了，他是多年来新加坡航空公司的首席旅客。

Xavier 是集团前董事长，是法国工业界公认的战略家。是他在 1996 年聘用了我，我们的第一次见面我至今记忆犹新。那是 1996 年降临节在香港，他利用假日 24 小时飞了 2 万多公里来说服我加入依视路集团。我在他两年前出版的《信任之路》中文版中讲述了这个故事。后来他的女儿告诉我，她父亲对我有一种“一见如故”的感觉。其实，我们的心是相通的。的确，我从他的身上看到了一个令人敬佩的“大老板”的形象。还有一个小小的插曲令我和我们全家难以忘怀。我儿子 14 岁初中毕业，准备回法国上学，他夫人 Christine 忙前忙后，走访了巴黎和周边所有好的高中。她像关心自己的孩子一样呵护着我的儿子，还帮忙找了一个法国朋友家借宿，以便我儿子周末有家可回。我儿子今晚在。他的学习相当不错，在法国兰斯的高中毕业后，考上了法国最好的一所私立的预科，之后从巴黎高等矿业学院硕士毕业。可以说没有辜负 Xavier 和 Christine 的一片苦心。讲起这些往事历历在目。更令人高兴的是，他已经找到了他的心上人，再过两天就要登记结婚了。

25 年的企业工作生活丰富多彩，里面有说不清的酸甜苦辣，许许多多的问题困难，不在其中是很难想象得出来的。当然，也有不少成功的欢乐与喜悦可以分享。

说到依视路，它是法国工业的一朵奇葩！在世界各地有 500 多家公司，它以改善人类视觉健康为己任。这是为什么呢？这是因为人类的知识 80% 以上是通过眼睛获得的。可遗憾的是，直到今天，视觉健康在中国公共卫生领域依然是一个盲区。可以看出，我们未来的路还很长！

18 年来，依视路在中国的投资已超过 8 亿美元。它把其发明的树脂镜片和万里路多焦点镜片带到了中国，与天津眼科医院合作成立了万里路学校，将行业的职业教育推向一个新的高度。我服务的这两家法国企业发挥了其市场领导者的作用，为千千万万名中国消费者的身体健康，视觉健康服务做出贡献。我非常高兴为此做出一点点事情。

我想我已经讲得太多，太长了，大家都想赶快能喝上一杯，对不对？那我就此打住。最后，再次衷心感谢各位出席今天的晚会！

孙余沛在何毅授勋仪式上的致辞（节选）

何毅，大使夫人，部长先生们：

2014 年是中法建交 50 周年。2014 年，法国授予何毅法国国家荣誉骑士勋章。这是简单的巧合吗？我更认为这是对他促进两个他珍视的国家而努力工作 40 年的认可。

几年前，我夫人和我与何毅围坐在我们魁北克小屋里燃火的烟囱旁。要知道我们是多么崇拜中国呀，所以他向我们谈起了自己、他的生活、中国……我很想在此用简单的几句话，与你们分享何毅充满激情的讲话，今晚，正是他让我们欢聚一堂，共同庆祝。

何毅首先在巴黎学习制作酸奶。在法国，人们喜欢酸奶。在中国却还没有……但没有任何事可以阻止我们的战略家踏上新的征程。何毅负责 1992 年新设的中国酸奶业务。他从中看到了挑战。法国人也不太爱看京剧。然而！何毅在两年内成功地让中国人爱上了酸奶。可谓是杰作一件！之后他负责饼干业务，更简单点。何毅很有远见，希望走得更远，为自己的国家做得更多。1996 年 7 月 1 日，他找到了方案。

中国有 8 亿近视人口。何毅找到了自己的道路。加入依视路时，他知道他将通过改善同胞们的视力来进一步改善他们的生活质量。何毅知道视力健康乃重中之重。依靠依视路，他将健康与战略结合在了一起。因此，爱勤和何毅带着幼子晨耕开始了依视路的环球之旅。我在蒙特利尔第一次遇到他们，然后是在得克萨斯州的达拉斯。

如果想在依视路取得成功，首先必须热爱我们的产品。镜片是复杂的技术性产品，而且是透明的。如果我们看不到镜片，才说明这是好镜片。

然后，必须热爱我们用产品所从事的事业。改善一名近视儿童的视力，意味着给予他在生活中取得成功并改善他的健康的机会，意味着让他露出笑容。

如果想在依视路取得成功，必须既是“传道士”，又是“外交官”。到处都是需要我们的人。必须早上是“战略家”，下午是“农民”。必须懂得早上讨论市场细分和市场份额，下午在车房确保镜片质量。就像农民每天在田里检查收成的质量一样。所以，大家可以明白为什么 18 年来何毅为什么会在依视路如此成功了吧。

何毅不仅把依视路带入中国，还将中国变成依视路的核心。他取得成功是因为他热爱中国、法国，所以他立刻喜欢上了我们公司。他明白除了销售镜片之外，依视路有自己的使命。我们从 1848 年开始就一直践行这项使命。我们只做这一项事业。而如今，我们在世界各地有 6 万人致力于改善视力。

何毅知道依视路需要中国，但他也知道中国需要依视路。依视路能够帮助中国人民看得清晰，并通过良好的视力来改善健康。让 8 亿患有近视和远视的中国人看得清楚，生活得幸福。

在视力方面，中国面临着三重挑战：

1. 从遗传学方面看，80% 的中国人有近视。

2. 农村人口向城市迁移的进程加速了近视的发展，一个习惯在田里生活的人进城后会更快患上近视。

3. 戴眼镜会加速近视的认识误区，以及戴眼镜的知识分子形象，依旧十分普遍。

作为战略家，何毅想攻克这三项挑战。他想将视力健康作为中国战略问题的核心。通过视光领域的“领头羊”依视路，让中国和法国走得近。他知道只有依视路可以做到这点。通过基础和应用研究来改善视力健康，而全世界在这些方面的投入中，有 75% 来自依视路。

为了攻克视力健康的挑战，中国需要 8 万家到 10 万家眼镜店，还需要 300 家眼科医院。此外，中国每年还需要培养 4000 名验光师或配镜师，应当让国人意识到每年进行视力检查的重要性。这是何毅在中国、为中国进行的战斗。

何毅曾经有两个梦想：成为医生和军事家。他是军事战役的专家，从古代中国到第二次世界大战，对各大战役的了如指掌让他能够在依视路如此成功。让中国市场在依视路集团中排名第 5，很快变成第 2 位，不久就会超过美国。正是为了做到这点，我首先任命他担任 Valoptec 协会的董事，然后成为集团的董事。

如果没有优秀的人文素质在依视路是不会取得成功的。我们在依视路的生活就像我们的产品：它是技术性的，所有镜片都不相同，而且是独一无二的，因为我们根据验光单来定制。我们几乎没有库存。一切以人为本，每只眼睛都是不同的。但最重要的是，它是透明的，产品应当让位于个体，必须保持谦逊。所有这些都是何毅的品质。他谦虚、真诚、忠于自己的所爱，而且我知道他在各方面都力求做到最好。

相信大家都已经明白：法国、依视路、中国……何毅一直热爱着它们。而今晚，我们很高兴能在这里祝贺他的这段悠长历史。何毅，现在轮到我，代表 Valoptec 协会，代表依视路，向你表达我最真挚的祝贺，鼓励你继续自己改善中国视力健康的征程！

一场“危机”后的采访：依视路的“世界人”

——访依视路大中华区首席执行官杜马诺先生

杜马诺先生是依视路大中华区现任首席执行官，对他的采访被安排在2020年农历新年后。然而谁都没能料到，一场历史性的重大公共卫生事件在2020年农历新年期间突如其来，并以惊人的态势席卷全球。于是，原定的采访被推迟了两次，取而代之的是极度考验快速应对能力的“安内攘外”一系列措施。由于疫情突发于中国人民春节长假期间，80%的员工都分散在不同的地方度假或者与家人团聚，既要确保每个人的健康安全，又要合理调节安排好各自的工作，这对于一个拥有至少11000名员工的公司而言，挑战可想而知。这段时间里，杜马诺先生与团队一起群策群力，一方面灵活运用中国国民级的手机软件功能，短时间内通过线上的方式快速召集到所有员工，并了解每个个体不同的情况，作出柔性的安排和工作调整，以实现零员工感染，并很好地稳定员工们的情绪和状态；另一方面，在条件有限的情况下，兼顾各生产线工厂的应对状况，评估因为停工可能造成的影响，并采取应对措施。同时，作为一家以社会责任为主要驱动力的视光集团，依视路在紧急关头首当其冲，以己之力提供必要的物资和财力支持。在短短两个月不到的时间内，依视路提供了150万元的资金捐赠和20万副护目镜。

当我们与杜马诺先生终于通上电话的时候，国内疫情经过全国人民的努力趋于缓和，他也终于稍稍松口气，刚与身在海外的家人们通完电话。这样人类历史上少见的大事件，对于本国几乎所有的组织和个体都产生不同程度的影响，那么对于一名身在疫情中心的外国CEO而言会不会更加艰难？没想到的是，杜马诺先生在言谈中丝毫没流露出任何困顿或疲惫，哪怕他实际上刚刚经历了一场疾风暴雨，而是以一种训练有素又坦然超脱的态度，用了大概5分钟的时间清晰地讲解了疫情中依视路的快速行动，然后用饱满的热情来回答更多有关依视路的故事、战略、蓝图和使命。

依视路人对于他们职业的热情与热爱，在多次采访中都能从不同人、不同形式的叙述中强烈地感受到，仿佛一种属于他们的共同的隐形记号。然而在这种跨文化环境中的危机事件下，杜马诺先生不仅保持热情，还能保持一份处惊不乱的淡定，不仅令人多了一层敬佩和兴趣。在了解了他在依视路工作的前世今生之后，答案其义自见。

穿过暴乱与热情之地的CEO

也许是命运冥冥中的安排，杜马诺加入依视路集团的时间恰是1996年，也正是何毅撸起袖子开辟依视路中国视光之路的“元年”。不过，那个时候的他并不知道二十多年后，他将成为这片充满蓬勃生机的中国商业疆土的继任者。但有意思的是，命运可能藏着一些小小的暗示，因为他在这一年任职的地方也在亚洲：印度尼西亚。彼时，杜马诺先生正值盛年，拥有鲜亮的高等商学院学历背景，未来就像这个充满无穷可能性的世界一样，带着明亮的色彩向他敞开。

“我向来对世界充满好奇和热情，我一直觉得自己是个‘世界人’，而依视路国际化的布局，恰能满足我探索不同地域和文化的向往之心。”于是，刚入集团，他就被派往亚洲，因为具有财务方面的专长，他被委任负责印度尼西亚分公司的财务事宜。那个时候，印度尼西亚分公司规模不大，一切都比较“原始”，也没有财务系统，这给了他开拓和发挥的空间。于是，他不仅从专业上把公司的财务体系梳理清晰，同时以更现代化的方式建立起一套财务信息管理系统，同时也将“数字信息化”的新概念如播种般植入到原本相对陈旧的公司办公体系里，将分公司的工作效率大大提高。与此同时，得益于在“一线”工作的经历，他快速学习并掌握了光学以及镜片相关知识，如鱼得水般在这个领域越来越自如，并走到了财务主管的位置。然而，1998 年的印度尼西亚暴乱顷刻间改变了一切。这片异域的土壤，有令人沉醉的风土人情，也有外人难以理解的社会问题。经过了一个月的骚乱后，出于安全以及综合因素考虑，印度尼西亚分支机构暂时关闭。于是，他先后回到新加坡和法国总部，一方面加强自身专业财务管理上的能力，同时对集团的各条业务线有了更系统的学习和了解，逐步在财务、运营及合资公司管理等领域积累了丰富的实践与管理经验。之后，他向往探索世界的心念又一次得到响应，他重新向世界出发，来到了充满热带阳光与芳香的热情之地：巴西里约热内卢，并且一待便是 13 年。从熟悉的财务开始，他的工作范围层层拓宽，涉及信息系统，并购项目，以及运营和生产。

话说十年磨一剑，经过多年的积累，他这一次的“世界探索”以丰厚又扎实的方式来回应他长年不懈的勇气和努力。杜马诺于 2009 年被任命为巴西地区业务主管，他对财务的敏感、对业务知识的积累以及现代化信息系统的重视，使其稳稳地把握住巴西业绩；同时经历过不同文化语境的历练，也使其更加自如地融合并协调好自己、企业、与当地文化求同存异的关系，巴西业务得到长久而稳定的发展，巴西市场的业绩跻身依视路世界市场版块里的前三。

在 2015 年的时候，集团 CEO 孙余沛先生向他提出了转战中国的可能性，并试探他的意愿。“当时，不管是家庭还是事业，我们在巴西，一切都很稳定”，然而杜马诺没有辜负依视路提供的国际化大舞台，一个大胆的 Yes，再次验证了他作为一名

“世界人”宽广的视野和开拓的勇气，“中国，是一片充满生命力的希望之地，我怎么可以说不”?!

中国视光之路的延续，要向前看

沿袭集团雷厉风行式的高效行动力，杜马诺于2015年同年告别了他在拉丁美洲培植的累累硕果，携家人由拉丁美洲迁徙来到上海，上任依视路大中华区首席执行官。对于这个外人看起来比较“大”的决定，他个人几乎毫不犹豫。

“能够去到亚洲，去到中国，是件振奋人心的事情。我首先想到的是我的孩子们，虽然他们是法国人，但从小在异域文化环境成长，中国作为历史悠久的东方一极，正在并将对整个世界的经济和文化产生越来越重要的影响，包括创新能力的发展。我的孩子们如果能有机会在中国本土了解并学习，对他们的成长大有裨益，”对于来中国这个机会，杜马诺欣然接受。他坦言，主要有两方面的考量，一是从个人角度，对孩子们的成长有帮助；另一个则是市场角度，以及使命驱动：“对依视路而言，中国将是集团最大的市场增量来源地，拥有庞大的市场基数，这些对于一个不断壮大的产业而言，都是激动人心的。然而我在谈论这些的同时，并不单因为经济前景。要知道，在中国这样一片生机蓬勃的希望之地，却有着全球最多的近视患者，大约每10个人当中就有3个人是近视，更不用说其他除了近视以外的视力相关问题。依视路是一个工人合作社为基础的视光集团，能够长存至今，是因为依视路人深受经济价值之外的社会价值的深度驱动，去帮助更多需要的人，还给更多的人一个清晰、美好、明亮的世界，由这个使命所产生的力量可以推动人去到任何需要他的地方。”

2015年是依视路中国视光之路的第19年，留在时光里的是一段近20年的开天辟地、生根发芽的浩荡开拓之路。随着时间，第一代人马逐步退出舞台，新鲜血液得以注入，可以说杜马诺的上任，标志了依视路在中国视光之路的新一段航程的开启。可能与其财务背景有关，被问到在中国作为首席执行官所遇到的挑战、相应的战略和展望，他分别都以三个点有条不紊地展开阐述。

三个挑战

1. 重新定位。杜马诺很重视数字，当他刚接手的时候，首先看的就是财务报表，立马就遇到上任后的第一个挑战：中国市场的特点一是大，二是变化快，中国已经是集团最大的镜片销量市场，与之相比，财务数据显示公司的增长后劲不足，需要调整，重新定位，着重加强附加值高的新产品和个性化产品，以防止出现停滞和负增长状态。因此，他必须立即采取有效措施，进行内部整顿，以及业务梳理。

"依视路在中国走过了极其辉煌的历程，然而，要让成功延续的唯一方式，不是停留在过去，而是必须向前看"，杜马诺强调中国经济发展的速度是跳跃式的，可能 5 年前还行得通的方式，过了 5 年早已显得落后。所以，必须不断地快速迭代，以最匹配当下市场环境的新一代的方式保证各方面持续的进步。所以，他重新调整了团队规模，以及各项工作分配，并结合中国市场的特点，制定出"数字化转型"的目标。要通过多元的线上渠道，微信公众号、微博等多元线上平台，让更多的人进一步认识、并了解依视路的专业能力，以及为大家带来的服务。

2. 大众意识。像前面提到的，中国不仅具有全球最多的近视人群，同时还有大量患有各种视觉问题但不去矫正或者积极处理的人群。据不完全统计，在中国约有 6 亿人视力有问题而尚未矫正，加上在中国诞生越来越多的"数字一代"，他们的生活从小就是与数字化屏幕相连结，因此造成非常高比例接近 80% 的年轻人有或多或少的"近视"情况，要知道这个情况在 1995 年、1996 年的时候是难以想象的。可是这个问题似乎并没得到重视，很多人并不会及时去矫正，甚至不采取任何措施。这是一个集体意识的问题，当然对于部分地区也有条件限制的问题。要知道，视光健康与人类生活幸福息息相关，如何提高全民对于视光健康重要性的认知，尤其是要采取措施改善视光健康的意识，又是一个艰巨的挑战。而这项挑战，也融合入整个

“新一代数字化宣传”的计划里，并结合我们各方面的合作伙伴们，从医疗机构到相关协会，大家整合团结一起来强化民众对保护、矫正视光健康的意识。

3. 专业人员。相对于具有成熟“从业人员体系”（眼科医生 Ophthalmologist、视光师 Optometrist 和配镜师 Optician）的西方国家而言，在中国眼科和视光是两个相对分开，或者说从执行体系上来看是分开的范畴。所以，造成相关专业人员或者说从业人员的专业性相对不足的情况。比如，在中国专业的配镜师至少要比西方国家少 75%，可是市场的基数却大得多，于是就出现营业员兼做配镜员，或者说专业配镜员被当成营业员这样的情况。然而，视光是一个对专业度极有要求的领域，必须要有专业的人才来支撑。这是他来到中国后遇到的第三个比较大的难题，好在之前公司也早已识到这个问题的关键性，联合国内的专业人士，建立了万里路视光专业培训学校，来支撑整个行业健康、长远、蓬勃的发展。教育乃细水长流之大业，对有关专业人员的培养，时间会向人们显现其重大意义。

战术战略与数字化管理

有关上述三个挑战，杜马诺与集团以及团队一起分析和梳理，以三项实战操作层面上的战术，和三个战略方向，纵横交错形成有力支柱来有效应对，除此之外，他尤其强调依视路要紧跟中国发展的节奏，提出全面“数字化”，这也是他继任 5 年来的重要命题。

操作层面上，首先，根据中国市场拥有大量“近视人群”的特殊情况，尤其是儿童的近视问题，具有针对性的提供视光解决方案，在孩子们刚刚出现“近视”的时候，通过“矫正视力”来降低“近视”的程度，以防止其恶化；并与政府相关机构达成战略合作伙伴的关系，启动近视管理规范白皮书项目，唤起人们对关注眼健康的意识，有效触达到学校、医院等具有精准人群的地方，并打造全新的眼健康消费者体验，推动整个行业的进一步规范和专业化的进程。

其次，将服务维度进一步拉大，以先进的技术为人们视光健康的防护带去福音，比如爱赞镜片，便是针对中国绝大多数人群数码式生活应运而生，将有效防止有害蓝光、阻挡紫外线侵害和缓解视疲劳结合一体，并针对不同年龄段都有其特适的解决方案，目前有关“防护”的镜片解决方案已占到整体产品的40%。

第三，就是针对50岁以上的人群，随着年龄上升，这部分人群会遇到越来越明显的老花眼等视力问题，不仅影响诸如阅读、穿针引线等日常生活的舒适感，对于那部分还没有退休的人也会造成他们工作上的困扰。而这些问题，不仅仅发生在城市，还有相当一部分的乡村老龄人群，那里年轻人更少，相应措施也少，解决他们的实际问题都是依视路最根本的使命。依视路的专利产品“万里路”渐进片就是专门针对老龄人群的视健康问题研发的，只是它的普及率在中国还很有限，这里有更多的工作需要去开展，很多举措也已经切实地实施，比如针对农村地区的“2.5新视代”行动，开展“消除农村不良视力”项目，将“2.5新视代”流动验光车开到镇上和村里，联合村镇眼科医生或视光师，上门为村民提供免费验光或配镜服务。

相应的，三个战略方向贯穿于每一个实际项目的操作中：

1. 教育市场。有关大众对于视健康的意识和重视，是需要长期教育的，理念的形成到渗透，是细水长流的事情，但对于整个行业而言也是必须持续推进的水涨船高的事。

2. 标准化。这与教育市场是环环相扣的，我们需要和政府以及相关机构联手合作，为这个行业制定标准。因为目前的市场上，各种品质的镜片产品参差不齐，会直接影响到消费者的体验，包括对于该行业的信任，为这个行业制订标准势在必行。

3. 专业化。如上所说，在中国专业的视光师、配镜师依然紧缺，以至于大部分消费者去眼镜店配镜，会把视光师、配镜师与营业员的角色混淆。事实也确实是这样，容易引发消费者的疑虑，担心他们不是从解决视光问题出发，而是推销的角度出发；反过来，由于市场存在这样的情况，以及消费者认知，令那部分真正的视光师、配镜师得不到职业上的认同感和成就感，由此形成恶性循环。

因此，建立专业的培训体系，配合行业标准的制定，才能进一步令市场的认知得到质的改变。关于这方面，何毅和同事们为此付出了很多的努力，比如万里路学校的开办，和专业教育体系合作，比如之前何毅深情介绍过的温州医科大学的瞿佳院长，都为此作出很大贡献。我们作为后来人，必须再接再厉，不辜负前辈们为整个行业奠定的扎实基础。现在我们依然保持和温州医科大学的紧密合作，和新任的吕帆校长一起，我们已开展多方面的教育、合作项目等。

这些缜密的战术与战略，从 2015 年杜马诺上任开始，由一条核心思路贯穿：数字化管理。“从内部到外部，方方面面的工作，都要数字化，这是一条必须张开双臂拥抱的必经之路”，杜马诺强调所有的工作都以数字化的形式来输出，“微信、微博、QQ、阿里巴巴……我们要充分利用中国市场提供的巨大的数字端可能性，不管是内部工作组织，还是和我们镜片分销商们的联系，包括和顾客们的交流都可以通过数字化的方式来实现，顾客可以直接在线上下单，并且提出个性化的需求。”这样的沟通方式，不仅缩短了依视路和市场及各个商业伙伴们的沟通距离，降低成本，并且可以更直接地收集有关信息，进行信息化分析和处理，时刻把握市场的需求和反馈。“数字化运作非常非常重要”，杜马诺不禁再三强调。我们似乎可以展望到依视路在中国的新航程，正循着新时代的指针，延展而明亮。

谈到展望，杜马诺充满信心：一方面和陆逊梯卡的合作，使整个集团的规模成倍增大，同时也使服务业务更广泛地深入到人们的生活。视光领域不仅仅和眼健康和生活舒适度相关，还联系到美丽和时尚；另一方面，数字化在中国快速、迅猛发展，并深入到生活方式的趋势，使“智慧眼镜”的诞生成为可能。将来人们的眼镜不仅仅用来“看”，镜架上可以组装电子元件，镜片作为显示屏，人们可以通过一副眼镜实现智能手机提供的各种功能。这些都是令人心潮澎湃，并且技术角度来说完全可以期待的。而依视路集团中国研发中心也于 2019 年 12 月在上海揭幕，这是依视路集团继欧洲、爱尔兰、美国、新加坡后，在全球开设的第 5 个研发中心。

“我们将在原来的基础上再次出发、实现新的创新，要发展就必须往前看”，杜马诺以确凿的口吻说道，“五年后，我们的规模将增加两倍，而中国 5 亿人群视力没有得到矫正的情况将不复存在。”

最后，谈到依视路在中国的视光之路能够取得阶段性成功的要素时，杜马诺归纳为两点：一是团队本土化。可能和大部分外企不一样，依视路在中国的团队，从高管到各个不同的岗位，工作人员都尽量以本国人员为主，“他们一般都有国际化的学历与背景，对依视路国际化运作和企业文化有准确的认知，加上血脉相承的中国本土文化，以保证依视路在中国的发展不会出现水土不服的情况，他们非常优秀，我在他们身上学习到很多，”杜马诺深有感触。二是兼并合作。这条策略的有效性，在之前与各个采访对象的沟通中都被毫无疑问地证实，得益于有利、高效的合并，依视路得以快速又平稳地扩张市场格局。

采访快结束时，杜马诺谈到自己的一个儿子，身为法国人从小生长在巴西，后来去到瑞士学习，因为一个交换项目才第一次回法国；其他更小些的孩子们都在认真地学中文，以充沛的热情学习和吸收着这里的一切。作为“世界人”的他，以一种开放、宽广和与时俱进的视野，持续探索，带着他的团队，有如带着他的家庭，诚挚地为世界各个地方的人们效力，也许这也是“依视路”作为一个国际化集团的剪影，也许这也是依视路在中国视光之路愈走愈光明的“成功要素”。

跋

信任之路，同舟共济

冯达磊

依视路集团前首席执行官

“我们是马拉松长跑运动员，一公里一公里地往前跑，控制着节奏不要过快，以免中途溃败。”冯达磊先生把企业的全球化比作马拉松，从1972年Essel与Silor合并成立依视路起，到依视路进入北美市场，再到与日本尼康合作、与韩国凯米集团（韩国最大的镜片制造商）合作，最后又选择进入中国和印度市场，依视路的开疆扩土在规范的程序和行为建立的信任之路上有条不紊地进行着。

“依视路人是技术高手，不善于舞文弄墨。”冯达磊先生如是说。依视路在创建之初，建立员工持股会，其著名的“宪章”——“员工持股会由一批富有责任心的人组成，联合出资，团结一心，同舟共济，竭尽所能，一起开拓企业的前程。”言简意赅地将现实精神（竭尽所能）与社会主义的良好方面（同舟共济）结合在一起，管理层共同规划一个奋斗方向、一个共同的命运，然后再考虑赚钱。发展至今，依视路在全球至少拥有5亿客户，而世界上哪个地方一有好主意露头，立即会反映到依视路来。比如，我们在中等城市里建立一个车房，马上就会带动人们进入这一行业，或出现新的眼镜经营商，很快便能盈利，开辟销售渠道。公司的工作条件很快随之获得改善，员工的孩子们在学校里成绩上升，员工们得以获得持久的工作岗位，很庆幸企业和员工在一同进步。

在建立信任的路上，我们也在注意因势利导。企业采用扁平的组织系统，让尽量多的人负起责任。这样我们也更加尊重个人，人尽其才。“当每个人都明白自己与众不同，自己可以作出有别于他人的贡献，但又要依靠他人，单枪匹马做不到，也不能什么都干的时候，和谐关系便会出现。”这是冯达磊先生的用人之道。同时，员工要有每天来工作的愿望。他们应该在施展才华的工作中感受到快乐，觉得自身在进步。为此，他们应该信得过自己的同事、自己的领导，还要对自己企业的全面规划有信心。

信任不能通过颁布命令形成，而要靠日常行为来建立。信任看不见也摸不到，它是一种气氛，是一个社会向前发展和取得成功必需的精神。反过来，成功又能增进信任，二者构成一个良性循环。对内员工间互相信任，对外企业间相互信任，这样才有机会在全球化的变动中去施展才华，释放企业的魅力，企业的发展需要这样的灵活性和同舟共济的魄力。

《国民视觉健康》白皮书：依视路视力基金会支持北京大学中国健康发展研究中心发布

中国近视人口高达4.5亿
构建“整体视觉健康”迫在眉睫（健康关注）

《人民日报海外版》（2016年6月17日　第11版）

首份视觉健康国别报告

《国民视觉健康》白皮书近日发布的数据显示，2012年我国5岁以上人口中，各类视力缺陷患者约5亿左右，其中近视总患病人数在4.5亿左右。在近日举行的国民视觉健康研讨会上，北京大学中国健康发展研究中心主任李玲教授表示，如果没有有效的政策干预，到2020年，我国5岁以上人口近视患病率将增长到51%左右，患病人口将达7亿。

据《国民视觉健康》研究显示，中国每3人中就有1人患有近视。不难发现，我们周围越来越多的人开始佩戴眼镜，以便能够正常地学习、工作、生活。

"目前，全球有将近 45 亿人口需要视力矫正，占世界总人口的 63%，而这其中有 25 亿人还未得到矫正。"视觉影响研究院全球传播总监克里斯坦·格罗斯说，"视力不良是一个重大公共卫生和社会议题，视力不良会对人们生活生产造成各种负面影响。虽然国际卫生组织和其他国际组织都在积极研究视觉健康，呼吁各国政府采取应对政策，但在视觉健康问题的国别研究上却鲜有发声，中国的《国民视觉健康》白皮书开创了这一先河。"

作为国内首份系统研究视觉健康的白皮书，《国民视觉健康》从经济效益、公共政策和国家发展的视野来研究"视觉健康"问题，这比以往仅仅着眼于医学层面的视力研究更加全面。同时，《国民视觉健康》总结了国内外的相关政策与经验、提出了完整的行动框架，这为国际和国内视觉健康相关领域的研究者提供了可供借鉴的理论分析框架和可靠的数据支撑，并开辟出了新的研究领域。

视力缺陷已成重大公共卫生问题

作为《国民视觉健康》研究项目的发起人和组织者，李玲在讲述国民视觉健康现状时表示，中国面临着比西方国家更为严重的视觉健康危机。一方面，我国青少年近视患病率居高不下，不仅影响当代，也危害未来国民健康素质，将对国家社会、经济甚至安全都产生重大影响；另一方面，在人口老龄化背景下，各类老年性视力缺陷患病年龄提前，给个人和社会带来沉重负担。

因此，近视低龄化绝非"多戴一副眼镜"这么简单，近视的发生与危害都是不可逆的。随着近视的低龄化带来的病程延长，人群中近视程度的分布会日益向高度近视演变，进而产生各类眼底病变，造成严重的永久性视功能损害。

日益严峻的视觉健康形势，不仅会带来直接的医疗成本和社会保障负担，也会造成患者行为能力丧失进而影响劳动能力和生命质量。据《国民视觉健康》统计，2012 年，各类视力缺陷导致的社会经济成本在 6800 多亿元，占当年 GDP 比例高达

1.3%。算上视觉缺陷对生命质量的损害，占 GDP 的比例将达到 1.83%。

让人人享有视觉健康

近年来，我国居民视力缺陷疾病普遍发生了很大变化，屈光不正和老视等视光类别的眼疾，已经成为影响视觉健康的主要威胁。但无论是公共教育、预防保健、医疗服务提供与医疗保障，还是视光产品相关行业监管等方面，与保障全民视觉健康的客观需求相差甚远，视觉健康政策亟待调整。

李玲建议，应从“整体视觉健康”这一理念出发，围绕“健康融入一切政策”的原则，从决策、规划、操作和配套落实四个层面入手，构建我国视觉健康公共政策体系。在决策层面，建立国民视觉健康决策体系，以解决谁为国民视觉健康负责、从哪些方面负责等问题，做到循证决策；在规划层面，以整体视觉健康为目标，做到预防为主、防治结合；在操作层面，将视觉健康保障与医疗卫生和医改衔接起来，让政策落地；在配套落实层面，通过激励机制和明确时间表，借助行政体系来推动视觉健康保障，并加强人才培养和相关基础研究。

有关专家强调，需要把验光配镜作为一种社会服务进行规范，推动其向着健康产业方向发展。现阶段，公众对于视光行业存在着诸多误解，认为眼镜店“暴利”，验光服务应该免费，这与行业标准化程度密切相关。为此，与会行业代表呼吁，尽快出台行业标准，以促进视觉行业健康发展。

根据《国民视觉健康》白皮书的研究建议，我国应该从监管标准、监管人员方式的专业性以及行业准入限制三个方面发力，对视觉行业进行全方位、专业化监管。另外，还应建立符合中国国情的眼科医生、验光师、配镜师人才队伍，并借用医保、税收和价格等手段，推动建立符合行业规律的人才薪酬体系，促进视觉行业健康发展。

链 接

发达国家和部分发展中国家在视觉健康保健、视觉健康医疗服务及人才队伍建设等方面形成了较为系统的经验，对进一步完善我国视觉健康政策具有借鉴意义：

第一，发达国家通过建立视觉健康档案对重点人群进行跟踪监测，为制定科学合理的视觉健康干预政策打下了基础，同时也为早发现、早治疗赢得了宝贵的机会。

第二，发达国家的视觉保健政策已经从单一的医学预防政策转向医学、社会政策整合的新方向。电子产品使用指南、与教育部门合作增加青少年户外活动时间等政策，极大改善了新加坡和其他发达国家青少年的视觉健康情况。

第三，发达国家已经普遍将视觉健康纳入国民健康保障体系中，从预防、治疗到康复甚至配镜都已经纳入基本医疗保障中，这为实现国民视觉健康整体化提供了最坚强的保障。

第四，对视觉健康人才和视觉健康产品进行严格的管理。除了传统的手术、开药等过程受到严格监管以外，发达国家眼镜生产、配镜流程都有严格的规定，将其纳入医疗行为监管范围。

图书在版编目(CIP)数据

视光之路:依视路在中国/傅杰妮,吕建中著. —
上海:上海人民出版社,2020
ISBN 978-7-208-16623-3

Ⅰ.①视… Ⅱ.①傅… ②吕… Ⅲ.①光学仪器-工
业企业-企业史-研究-法国 Ⅳ.①F456.568

中国版本图书馆CIP数据核字(2020)第140648号

责任编辑 赵 伟
封面设计 零创意文化

视光之路——依视路在中国
傅杰妮 吕建中 著

出　　版 上海人民出版社
(200001 上海福建中路193号)
发　　行 上海人民出版社发行中心
印　　刷 上海商务联西印刷有限公司
开　　本 720×1000 1/16
印　　张 15
字　　数 194,000
版　　次 2020年9月第1版
印　　次 2020年9月第1次印刷
ISBN 978-7-208-16623-3/F·2648
定　　价 68.00元